Cornelia Mack

Töchter & Mütter

Konflikte und Perspektiven

Cornelia Mack,

Freudenstadt, Jahrgang 1955, hat Sozialpädagogik in Tübingen studiert; 1977 Heirat, 1980 Studienabschluss mit Diplom. Sie hat vier Kinder und ist in der christlichen Frauenarbeit, bei Frauenfrühstückstreffen und in der Seelsorge tätig. Daneben ist sie Autorin und Herausgeberin zahlreicher Bücher.

Hänssler-Taschenbuch
Bestell-Nr. 393.979
ISBN 3-7751-3979-6
2. Auflage 2004

Internet: www.haenssler.de
E-Mail: info@haenssler.de
Umschlaggestaltung: Carmen Knoll Design Atelier
Titelbilder: Mauritius. Die Bildagentur
Innenillustrationen: Saskia Klingelhöfer
Satz: Vaihinger Satz & Druck
Druck und Bindung: Ebner & Spiegel, Ulm
Printed in Germany

ecpa International Member of the Evangelical Christian Publishers Association

ULRICH PARZANY

Wozu Gott?

Paperback. 80 Seiten.
ISBN 3-87067-141-6.

»Mich hat nie nach einem Gott verlangt; ich habe von mir aus niemals einen Gott gefürchtet oder mich vor die Notwendigkeit gestellt gesehen, einen Gott zu erfinden. Dennoch sehe ich mich leider zu dem Schluß veranlaßt, daß Gott von sich aus nach mir verlangt. Gott ist mir auf den Fersen, wie ein himmlischer Jagdhund.«

Ulrich Parzany hält es in diesem Buch mit den knallharten Worten des englischen Satirikers Malcolm Muggeridge. Der Lückenbüßer-Gott, der Feld-Wald-Wiesen-Gott, der Kopfnicker-Gott, der Liebe-Gott, der die Welt nicht mehr versteht und deshalb dankbar sein muß, wenn er wenigstens noch als Dekoration für bestimmte festliche Angelegenheiten herangezogen wird, er ist ein eingebildeter, ein überflüssiger Gott. Er ist nicht der Gott, der uns in Jesus Christus entgegentritt. Ist Gott Gott, weil wir ihn brauchen? Oder brauchen wir Gott, weil er ist? Wie kann Gott das alles zulassen?

Um solche Fragen geht es Ulrich Parzany. Und schließlich geht es bei allem Nachdenken über Gott nicht um blasse und weltferne Theorie, sondern um Alltagspraxis: »Laß mein Leben widerspiegeln, was es heißt, dich, Gott, zu kennen.«

Brendow Buch Kunst Verlag

Meinen Töchtern –
Dorothea, Katharina und Johanna –
in Dankbarkeit

Inhalt

Vorwort 9

Teil 1

Kapitel 1:
Einführung 13

Kapitel 2:
Die Beziehung der Tochter zur Mutter . . 26
… als Kind 26
… als Jugendliche 30
… als junge erwachsene Frau 38
… bei der Hochzeit 40
… beim Mutterwerden 44
… als gereifte Frau 48
… im Alter oder beim Älterwerden 50
… nach dem Tod der Mutter 53

Kapitel 3:
Die Beziehung der Mutter zur Tochter . . 57
… während der Schwangerschaft 58
… während der Säuglings- und Kleinkindzeit 63
… während der Pubertät 75
… während der jungen Erwachsenenzeit 92
… während der gereiften Zeit 99

Teil 2

Kapitel 4:
Zeichen ungeklärter Beziehungen 101
Zeichen für eine nicht gelungene Ablösung der Tochter 102
1. Ich bin immer noch »Kind« 102
2. Ärger über Ähnlichkeiten 104
3. Unfähigkeit, sich abzugrenzen 106
4. Schuldgefühle gegenüber der Mutter 107
5. Scham im Blick auf die Mutter 110
6. Hotel Mama 111
7. Ständiger innerer Kampf gegen die Mutter 114

Ungeklärte Haltungen vonseiten der Mutter 115
1. Schuldgefühle gegenüber der Tochter 116
2. Wut auf und Aggression gegen die Tochter 118
3. Neid auf die Tochter 120
4. Schuldzuweisungen und Selbstmitleid 121
5. Übermäßige Sorge und Bemutterung 123
6. Entmündigung 124
7. Zu hohe Erwartungen an die Tochter 127

Zusammenfassung:
Loslassen und sich lösen 128

Kapitel 5:
Neue Perspektiven
für die Tochter-Mutter-Beziehung 130
Ehren 131
Verlassen 132

Klärung der Tochter-Mutter-Beziehung 136
Die Vergangenheit anschauen 136
Trauern 139
Entscheidung zur Vergebung 143
Abschied von Idealvorstellungen 146
Sich mit der Vergangenheit aussöhnen . . 149
Altes verlassen, neue Schritte wagen . . . 152
Als Geliebte leben 156

Statt eines Nachworts 160

Literaturverzeichnis 162

Anhang 165

Vorwort

Die Beziehung Tochter-Mutter kann etwas sehr Spannendes und Bereicherndes sein. Viele Töchter denken dankbar an ihre Mutter zurück. Sie erleben die Beziehung zur Mutter als etwas Tragendes und Erfreuliches in ihrem Leben, andere dagegen sind von dem Gedanken an ihre Mutter oder die Beziehung zu ihr eher belastet. Sie tragen die ungelösten Konflikte mit ihrer Mutter jahrelang wie einen schweren Rucksack mit sich herum, der sie an freien Entscheidungen und an der Freude am Leben hindert.

In diesem Buch sollen gerade für die belasteten Beziehungen neue Perspektiven aufgezeigt werden.

Zum einen soll die nahezu »schicksalhafte« Verflochtenheit der Tochter mit der Mutter aufgedeckt werden, zum anderen Wege in eine neue Freiheit und in eine echte Freundschaft zwischen Müttern und Töchtern aufgezeigt werden.

Beziehungen sind immer komplexe Gebilde, beeinflusst von vielerlei Faktoren und verschiedenen Bezugspersonen. Wenn in diesem Buch die Tochter-Mutter-Beziehung teilweise isoliert und fokussiert betrachtet wird, birgt dies natürlich eine gewisse Gefahr in sich. Es könnte dadurch der Eindruck entstehen, Mütter und Töchter würden sich auf einer einsamen Insel, fern von der übrigen Welt, aufhalten. Dem ist natürlich nicht so.

Tochter-Mutter-Beziehungen sind immer von anderen Beziehungen mit geprägt und beeinflusst – zum Beispiel der zum Vater, zu Geschwistern, zu Großeltern und Tanten, anderen Verwandten und evtl. auch Nachbarn oder Freunden. Je nachdem, wie nahe uns diese Menschen emotional sind und wie stark sie auf unser Selbstwertgefühl und unsere Identität einwirken, können sie eine gewichtige Rolle in diesem Beziehungsgefüge spielen.

Die Tochter-Mutter-Beziehung einmal isoliert zu betrachten, bringt eine gewisse Faszination und auch eine Herausforderung mit sich: Zum einen, um dem Besonderen dieser Beziehung nachzuspüren und zum anderen, um auch die Blockaden im Miteinander genauer unter die Lupe zu nehmen.

Gott möchte, dass wir in versöhnten und geklärten Beziehungen leben. Und er bietet uns dazu auch seine versöhnende Kraft an.

Christus ist stärker als alle Mächte der Finsternis und Schuldverstrickungen, stärker als falsche Bindungen und hemmende, lähmende und zerstörerische Konflikte mit Mitmenschen.

Wege zu diesen neuen und versöhnten Freiheiten – gerade auch für Tochter-Mutter-Beziehungen – möchte dieses Buch aufzeigen.

Im ersten Teil wird nach der Einführung versucht, die Beziehung zu beschreiben

- zuerst aus dem Blickwinkel der Tochter
- dann aus dem Blickwinkel der Mutter.

Im zweiten Teil werden

- die negativen Fixierungen und die ungelösten Beziehungsmuster aufgezeigt,
- und Wege zur Klärung der Beziehung beschrieben.

In diesem Buch ist viel von den Konflikten und Belastungen die Rede, dadurch könnte vor allem für Leserinnen, die ein gutes und herzliches Verhältnis zu ihrer Mutter und / oder Tochter haben, der Eindruck entstehen, dass das Schöne und Bereichernde solcher Beziehungen nicht genügend thematisiert wird.

Allen, die so empfinden: Herzlichen Glückwunsch!

Es gibt nichts Schöneres im Leben als gelingende und befreite und damit auch gesegnete Beziehungen zwischen Menschen.

Dieses Buch möchte aber seinen Blick ganz speziell auf die Schwierigkeiten in Tochter-Mutter-Beziehungen richten und Lösungen und Hilfestellungen anbieten.

Es ist entstanden aus vielen Gesprächen mit Frauen und Ehepaaren sowie aus eigenen Erfahrungen.

Darum wünsche ich den Leserinnen (und Lesern) dieses Buches, dass es vor allem da eine Hilfe wird, wo zwischen Müttern und Töchtern Konflikte bestehen und dadurch die Freude am Leben blockiert ist.

Ich danke meiner Familie, insbesondere meinem Mann und unseren drei Töchtern, für viele hilfreiche Gespräche zu diesem Thema.

Cornelia Mack

Teil 1

Kapitel 1

Einführung

Die Mutter

Unsere Sprache greift das Wort »*Mutter*« immer wieder auf:

Die *Muttersprache* ist die Sprache, die die Mutter uns beibringt,

der *Mutterboden* ist das, was uns Heimat gibt.

Die *Mutterbrust* ist ein Sinnbild für Geborgenheit und Gesättigtsein.

Wenn wir etwas »mit der *Muttermilch* aufgenommen haben« oder »wenn uns etwas schon in die Wiege gelegt wurde«, ist damit gemeint, dass wir etwas bis in unser tiefstes Wesen verinnerlicht haben.

Menschen drücken mit den Worten wie »*Mutter Erde*« oder »*Mutter Natur*« ein Gefühl der Urgeborgenheit aus. Die Mutter steht für die gute Macht in der Welt, die sich uns und unserer Bedürfnisse annimmt[1]. Das alles sind Sprachbilder, die eine tiefe emotionale Bindung ausdrücken.

Nirgendwo ist ein Mensch intensiver verbunden mit und abhängiger von einem anderen Menschen, als in der *Gebärmutter* – während der Schwangerschaft.

Tiefer in einem Menschen kann man nicht sein.

Dieses Urgefühl, im Bauch der Mutter zu sein, tragen Menschen als Urbild der Geborgenheit in sich: Die Gebärmutter als der Ursprungsort, der Ort des Gezeugtwerdens, des gesicherten Heranwachsens und des totalen Abhängigseins.

Hat die Mutter Ja zu mir gesagt, dann war es ein Ort des Gehaltenseins, der Wärme, der Sicherheit – die äußeren Bedingungen waren gut für uns.

Die Gebärmutter kann aber auch ein Ort der Verunsicherung gewesen sein: z. B. wenn die Mutter in Gefahr war oder Angst hatte, wenn sie erschrocken oder verärgert darüber war, dass sie schwanger war, wenn sie kein Ja zu einer Schwangerschaft gehabt hat.

Es gibt auch negative Ur-Bilder der Mutter. Im Märchen zum Beispiel steht die Hexe für die negative Muttererfahrung, von der man sich trennen will oder die man überwinden kann.

Die Grunderfahrung des Angenommen- oder Abgelehntseins beginnt im Mutterleib und setzt sich nach der Geburt fort in dem kompletten Angewiesensein auf die Mutter und ihr Ja oder Nein zu mir und meinem Dasein.

Dies macht etwas deutlich von dieser völligen Abhängigkeit von der Mutter schon von Beginn an. Sowohl die Schicksalhaftigkeit als auch die Konfliktträchtigkeit der Beziehung zur Mutter wird daran deutlich. Wie wir uns emotional fühlen – ob wir uns über das Leben freuen, ob wir Ja sagen können zu uns selbst, ob wir eine sichere psychische Grundlage haben, auf der wir stehen können –, hängt auch mit von diesen ersten Erfahrungen ab. Die Grundgefühle unseres Lebens gibt uns unsere Mutter.

Diese Grundgefühle sind aber keine Festschreibung fürs Leben. Sie können verändert werden. Waren die Urerfahrungen eher negativ, dann können solche Gefühle auch geheilt werden. Dies verändert dann auch die Grundeinstellungen zum Leben bis hinein in das Denken, Verhalten und Erziehen.

Je nachdem, aus welchem Blickwinkel Sie diesen Abschnitt gelesen haben, kann dies sehr unterschiedliche Reaktionen in Ihnen hervorrufen.

Lesen Sie den Text als Tochter, können Sie das für sich als Erfahrung vielleicht bestätigen oder es kann eine Hilfe zum Verständnis der eigenen Lebensgefühle sein.

Lesen Sie den Text als Mutter, fühlen Sie sich möglicherweise verstanden – oder aber auch angegriffen. Dieses Buch will aber keine Anklagen gegen Mütter führen, sondern Einsichten schenken.

Versuchen Sie beim Lesen der folgenden Kapitel, den entsprechenden Blickwinkel einzunehmen: Stellen Sie sich im Kapitel Tochter-Mutter innerlich auf die Seite der Tochter – und versetzen Sie sich im Kapitel über die Beziehung der Mutter zur Tochter in die Lage der Mutter.

Die Gedankenführungen in diesem Buch sind in keiner Weise als Schuldzuweisungen an Mütter gemeint, sondern sollen Mütter zur Selbstprüfung anregen und Töchtern eine Erklärung anbieten, um damit eine Hilfe in der Aufarbeitung der eigenen Vergangenheit zu geben.

Mütter sind nie perfekt, so wie das Menschsein immer schuldbehaftet, unperfekt und unvollkommen ist. Darum – gehört zum Muttersein und Vatersein, und ebenso zum Tochter- oder Sohnsein die Erkenntnis, dass wir mit der eigenen Unvollkommenheit, der eigenen Erlösungsbedürftigkeit leben müssen und dürfen. Wir brauchen täglich die Vergebung Gottes und die Bereitschaft, uns auch gegenseitig zu vergeben und einander um Vergebung zu bitten.

Die Mutter ist nicht für das Glück der Tochter zuständig und die Tochter nicht für das Glück der Mutter.

Der Vater

Auch wenn in diesem Buch sehr viel von der Tochter-Mutter-Beziehung die Rede ist, soll doch auch deutlich werden, dass der Vater in diesem Gefüge eine äußerst wesentliche Rolle spielt.

Die Beziehung der Tochter zum Vater ist eine andere als die zur Mutter, denn an der Mutter lernt die Tochter das Frausein und die weibliche Seite der Welt. Am Vater lernt sie die männliche Seite dieser Welt kennen.

Kinder (Töchter und Söhne) lernen vom Vater, dass seine Sichtweise der Welt die Wahrnehmung der Mutter oft in hilfreicher Weise relativiert.

Der Vater ist für die Entwicklung einer Tochter eine sehr wichtige Bezugsperson. Töchter brauchen Väter, denn mit ihnen machen sie die ersten Erfahrungen mit der männlichen Welt.

Einen gestörten oder schwierigen Kontakt zum Vater zu haben, bedeutet für eine Tochter:

- *Ich bin nicht erwünscht.*
- *Ich habe versagt.*
- *Ich muss mich für meinen Vater schämen*[2].
- *Oder: Mein Vater schämt sich für mich.*

Den Vater als liebendes Gegenüber zu erleben, schenkt einer Tochter Sicherheit und Stabilität.

Eine gute Tochter-Vater-Beziehung entlastet auch die Mutter in ihrer Verantwortung. Es ist hilfreich, wenn eine Mutter weiß, dass sie nicht für alles zuständig und allein verantwortlich ist. Sie erlebt dadurch Freiheit und Unterstützung in ihrem Umgang mit den Kindern.

Wenn der Vater der Mutter Bestätigung gibt und sie als Frau annimmt und liebt, so hilft gerade das auch einer Tochter, zu ihrem Frausein, zu ihrem Körper, zu ihrem Aussehen, zu ihrem Charakter ja sagen zu lernen.

Für die Prägung der inneren Haltungen und Lebensdefinitionen einer Tochter ist die Beziehungsgestaltung der Eltern zueinander sehr wichtig. Gehen Eltern demütigend oder verächtlich miteinander um, dann erlebt eine Tochter keine zukunftsweisenden Perspektiven. Sie lernt dagegen: Frauen oder Männer passen nicht zueinander. Ehe ist nur ein Machtkampf oder sogar die »Hölle auf Erden«.

Erlebt eine Tochter aber, dass die Eltern in Wertschätzung und Liebe miteinander umgehen, verleiht ihr das Sicherheit und Freude am Leben, hilft zu einem Ja zu sich und ihrer Zukunft. Eine Tochter lernt daraus: Es ist schön, miteinander eine Ehe zu gestalten, einander ein liebevolles Gegenüber zu sein. Ich freue mich darauf, erwachsen zu werden und Ähnliches zu erleben.

Die Ehe der Eltern ist für die Sicherheit und Geborgenheit eines Kindes von nicht zu unterschätzender Bedeutung. Astrid Lindgren beschreibt die Liebe und Herzlichkeit ihrer Eltern zueinander und resümiert daraus: »...wir fühlten uns geborgen bei diesen Eltern, die einander so zugetan waren.«[3]

Mütter und Töchter lernen voneinander

Töchter lernen am Vorbild der Mutter, wie Frausein geht – oder was Frausein ist.

Wenn die Mutter ein positives Bild vom Frausein vermittelt hat, dann bildet das eine positive Lebensgrundlage, auf der eine Tochter aufbauen kann:

- *Es ist schön, eine Frau zu sein.*
- *Ich freue mich an meinen Gefühlen.*
- *Ich freue mich an meinem Körper.*
- *Ich freue mich an meinem Aussehen, meiner Schönheit.*
- *Ich freue mich an meiner weiblichen Art.*

Hat die Mutter dagegen eine negative Einstellung zum Leben, fühlt sie sich z.B. immer als Opfer, vermittelt sie möglicherweise der Tochter Folgendes:

- *Als Frau wirst du immer nur ausgenutzt und ausgebeutet.*
- *Du musst dich immer unterwürfig in alles hineingeben.*
- *Am besten unterdrückst du deine Wünsche und deine Gaben.*
- *Ducke dich, halte still, sei nichts, unterwirf dich.*
- *Eine Frau ist nichts wert.*

Viele Frauen leiden ihr Leben lang darunter, eine Frau zu sein. Sie fühlen sich sogar schuldig, als Frau geboren zu sein und sehen das Frausein als etwas Zweitrangiges gegenüber dem Mannsein an.

Wenn die Töchter diese Definitionen übernehmen, entsteht eine heimliche Bindung aneinander:

- *»Wir beide sind minderwertiger.«*

Töchter lernen nicht nur von den Müttern, sondern auch umgekehrt: Mütter lernen von ihren Töchtern.

Töchter entdecken ihre Weiblichkeit zunächst spontan und ungezwungen. Davon kann eine Mutter lernen, (wieder) ebenso natürlich und elementar mit ihrem Leben umzugehen:

- *Sich vor den Spiegel stellen, sich schmücken und darüber staunen;*
- *sich an spontanen Gefühlen, an Bewegung, Tanzen und Singen freuen;*
- *das Leben spielerisch sehen;*
- *das Staunen über die Welt;*
- *Kleinigkeiten sehen lernen;*
- *aus der Hektik aussteigen und sich Zeit nehmen für den kostbaren gegenwärtigen Moment;*
- *Neues ausprobieren;*
- *Fragen stellen.*

Kinder lehren uns, das Leben neu zu sehen und uns selbst besser kennen zu lernen. Wenn die Beziehung zueinander offen und echt ist, können heranwachsende oder erwachsene Töchter auch ihre Mutter in guter Weise korrigieren. Sie können ihr helfen, ihr eigenes Leben neu zu definieren und zu sehen, und ihr neue Horizonte und Perspektiven weisen. Möglicherweise helfen sie ihr dadurch auch, belastende Vergangenheitserfahrungen aufzuarbeiten.

Sobald eine Tochter z. B. die negative Definition des Frauseins beendet und zu einer neuen positiveren Bewertung ihres Frauseins findet, kann die Mutter dieses »Spiel« der negativen Deutung und der Minderwertigkeitsgefühle allein nicht mehr spielen und ist gezwungen, über ihre eigenen Lebensdefinitionen nachzudenken.

Sophie Freud schreibt in ihren Lebenserinnerungen[4]:

»Meine Kinder waren meine ersten Schüler, und wie alle Schüler haben sie mir mindestens ebenso viel beigebracht, wie ich ihnen … Zuerst haben sie mir geholfen erwachsen zu werden und dann, jung zu bleiben. Sie haben mich mit neuen Perspektiven und Lebensstilen bekannt gemacht und haben mir geholfen, toleranter zu werden. Sie haben mich Weisheit, Mitgefühl und Demut gelehrt. Obwohl ich eine unvollkommene Mutter war, haben sie mir verziehen und behandeln mich jetzt mit Respekt und Zuneigung.«

Auswirkungen der Beziehung zur Mutter

Nicht alle Frauen haben eine Tochter, aber alle Frauen sind Tochter einer Mutter.

Wenn Mütter selbst wieder Töchter haben, ist diese Beziehung vom Verhältnis zur eigenen Mutter geprägt. Oft werden dann genau dieselben Muster, die wir als Töchter erlebt haben, wieder an die eigenen Töchter weitergegeben.

> Wie das Verhältnis zur Mutter,
> so ist auch das Verhältnis zur Tochter.

War dieses Verhältnis geprägt von Herzlichkeit, Freude und Liebe, dann fällt einer Tochter das Muttersein in der Regel leicht. Von der Mutter an Schönem Empfangenes wird wieder in ähnlicher Weise an die eigenen Kinder weitergegeben.

Aber ungeklärte Beziehungen wirken sich ebenso aus und wirken weiter.

Wenn das Verhältnis zur Mutter gestört oder belastet ist, wird es nur schwer möglich sein, eine gute Beziehung zur eigenen Tochter aufzubauen. Denn Mütter werden durch bestimmte Verhaltensweisen ihrer Töchter und durch die Kommunikation mit ihnen immer wieder an die eigene Mutter und die Beziehung zu ihr erinnert. Manche schmerzhafte oder ungute Erinnerung steigt möglicherweise wieder auf und hat oft heimliche oder offene Aggressionen zur Folge. Wo aber die Beziehung aufgearbeitet ist, wird dadurch auch das Verhältnis zur Tochter verändert.

Probleme des Erwachsenenalters hängen häufig mit der frühkindlichen Prägung zusammen. Dabei helfen Schuldzuweisungen und Selbstmitleid nicht weiter.

Schuldzuweisungen sind wie eine dicke Mauer vor der Zukunft, sie versperren den Weg in ein selbstbewussteres Leben. Hass, Zorn, Enttäuschung und Groll, alte Wunden und Konflikte binden tief.

Wer also um ein gutes Verhältnis zur eigenen Tochter (oder zum eigenen Sohn) bemüht ist und selbst eine konfliktträchtige Beziehung zur Mutter hat, sollte gerade deswegen das Verhältnis zur Mutter klären, Vergangenes aufarbeiten, Verletzungen aufdecken und zu einer inneren Versöhnung mit der eigenen Mutter finden. Das ist auch noch möglich, wenn die Mutter bereits gestorben ist oder wenn die Tochter die Mutter nie gekannt hat.

- Für die **Tochter** bedeutet eine geklärte Beziehung,
  - eine gut abgelöste und versöhnte Beziehung zur Mutter zu entwickeln;
  - mit der eigenen Mutter in Dankbarkeit und Klarheit umgehen zu können;
  - unabhängig und frei entscheiden zu können, ohne sich vor der Mutter rechtfertigen oder entschuldigen zu müssen für das, was sie tut und was nicht.

- Für die **Mutter** bedeutet eine geklärte Beziehung,
  - die Tochter loslassen zu können und ihr ein eigenes Leben zuzugestehen;
  - selbst zur eigenen Unvollkommenheit stehen zu können und sich darüber freuen zu können, dass Gott auch aus Fehlern und Grenzen etwas Gutes machen kann.

> Die Mutter muss das Loslassen lernen
> – die Tochter muss sich lösen.

Beziehungsklärung ist ein Prozess in beide Richtungen.

Dabei ist das Wissen um die Vergebung Gottes eine große Hilfe:

Ich darf eigene Fehler loslassen, Unfähigkeiten, Unvollkommenes stehen lassen.

Gott vergibt Schuld, darum dürfen wir uns als Mütter und Töchter gegenseitig vergeben und um Vergebung bitten, wo wir aneinander schuldig geworden sind.

Und wir können dankbar werden füreinander – Töchter für Mütter und Mütter für Töchter –, für das Geschenk des Lebens durch die Mutter und für das geschenkte Leben in einer Tochter.

Auf dieser Grundlage ist es leichter, der jeweils anderen ihre Verantwortung für ihr Leben zu übergeben und zu überlassen – die Tochter der Mutter und die Mutter der Tochter. Beide können so einander zu einem eigenständigen Leben freilassen.

Es gehört mit zum Schönsten, wenn solche Beziehungen zu gegenseitiger Echtheit und Offenheit führen und damit auch zu tragenden Beziehungen werden.

So können Mütter und Töchter einander eine Bereicherung und Hilfe im Leben werden und voneinander lernen, ohne in falscher Weise voneinander abhängig oder sogar einander hörig zu sein.

Kapitel 2

Die Beziehung der Tochter zur Mutter

Im Folgenden soll nun entlang des Lebenslaufes einer Tochter versucht werden, zu beschreiben, was aus der Sichtweise einer Tochter in der Beziehung zwischen Tochter und Mutter abläuft.

»... als Kind«

Die Mutter ist am Anfang das »Ein und Alles« der Tochter.

Die erste emotionale und zärtlich-erotische Beziehung baut die Tochter in der Regel zur Mutter auf.[1]

Der Körper der Mutter hat schon für einen Säugling eine tiefe Bedeutung, von ihm kommt Nahrung, Wärme und Gehaltensein. Wie die Mutter sich anfühlt, ihr Geruch, ihre Stimme und ihre Berührung durchdringen die Sinne und lassen ein Gefühl für einen Raum entstehen, innerhalb dessen Sicherheit und Beständigkeit möglich ist.[2]

Der Körper der Mutter ist aber auch Ausgangspunkt für Frustrationserfahrungen. Nicht immer bekommt ein Kind, was es will. Manchmal muss es lange warten.

Ein Kind kann sich nicht wirklich zur Wehr setzen, sondern ist der Mutter ausgeliefert.

Dies ist mit ein Grund für Allmachtsfantasien, die Kinder im Blick auf die Mutter entwickeln. In der Fantasie eines Kindes ist die Mutter allmächtig und bestimmt darüber, ob es zufrieden ist oder nicht. Darum kann ein Kind im Extremfall seine Mutter als verschlingende Macht empfinden, die keinen Raum zum Atmen lässt, die überall hineinwirkt, die allgegenwärtig ist.

Auch noch im frühen Schulalter schreibt ein Kind der Mutter Allwissenheit zu: Die Mutter kann alles und weiß alles. Die Mutter ist »meine Welt«. Die Mutter ist ohne Fehler.

Ein Kind vertraut seiner Mutter völlig. Die Mutter wird auch gegen Angriffe von außen verteidigt. Wenn z. B. andere Kinder eine negative Bemerkung über die eigene Mutter machen, steht eine Tochter immer auf der Seite der Mutter. Und der Mutter wird immer Recht gegeben, auch wenn diese der Tochter wehtut oder sie misshandelt. Ein Kind deutet jedes Verhalten der Mutter als »Liebe«.

Dies zeugt von einem tiefen Urvertrauen, das für ein Kind nötig ist. Es kann aber auch insofern fatale Folgen haben, dass z. B. bei Kindesmisshandlungen oder Missbrauch Kinder sich selbst die Schuld dafür geben. Sie folgern, sie hätten es eben nicht besser verdient und seien so schlecht, dass man mit ihnen in dieser Weise umgehen müsse. Oder sie folgern, dass das so richtig ist und Schläge oder Demütigungen »normal« sind, zum Leben dazu gehören, eben auch Zeichen von Liebe sind.

Genau diese Denk- und Empfindungsmuster machen im Erwachsenenalter die Aufarbeitung von belastenden Kindheitserfahrungen so schwierig. Auch als Erwachsene denkt eine Frau, die z.B. misshandelt oder missbraucht wurde, häufig immer noch so: »Es war richtig so.« Oder: »Ich habe es nicht anders verdient.«

Ein ähnlicher Trugschluss wird z. B. bei Ehescheidungen der Eltern beobachtet. In der Regel sind es die Kinder, die zuallererst Schuldgefühle entwickeln. Sie fühlen sich verantwortlich dafür, dass sie es nicht geschafft haben, dass die Eltern zusammenbleiben.

Da Kinder immer beide Eltern lieben wollen, werden sie innerlich dadurch zerrissen und in ihrer emotionalen Entwicklung massiv gestört oder zerstört.

Auch Zukunftshoffnungen werden durch eine Trennung zerstört, denn wenn die Eltern keine gemeinsame Zukunft mehr haben, dann ist auch für die Kinder nichts Zukunftsweisendes mehr da. Das Dach des emotionalen Schutzes durch die Eltern fehlt.

Die Liebe zur Mutter – zu den Eltern – und auch der Stolz auf die Mutter ist also das erste tragende Grundgefühl bei Kindern. Wird diese Liebe nicht erwidert, geben Kinder sich selbst die Schuld.

Wenn ein Kind diese Nähe und Zuwendung der Mutter während der Kleinkindphase nicht erfahren hat, ist es immer auf die Wärme, die ihm gefehlt hat, fixiert[3] und bleibt – findet keine Heilung des Verlustes statt – ein Leben lang auf der Suche nach dieser Liebe.

Wird aber die Liebe erwidert und Kindern Würde und Wertschätzung, Achtung und Angenommensein vermittelt, schenkt das Kindern eine sichere, tragfähige emotionale Basis, die sie zu zukunftsfähigen und verantwortungsfähigen Menschen macht. Zwischen Eltern und Kindern, Müttern und Töchtern besteht dann eine Haltung von Würde und Wertschätzung, von Geliebtsein und Geachtetsein, die auch schwierige Zeiten und Lebensstürme übersteht.

Hat die Mutter ein positives Grundlebensgefühl, dann atmet das Wechselspiel zwischen Tochter und Mutter etwas von der gemeinsamen Freude, eine Frau zu sein:

Miteinander spielerisch die Welt erobern und entdecken; sich freuen an gemeinsamen Erlebnissen und Erfahrungen; einander spontan und auch ohne Worte – intuitiv – verstehen können.

»... als Jugendliche«

Mit der Pubertät entdeckt die Tochter auch Fehler an der Mutter, ärgert sich an ihr und will sich stärker als bisher von ihr abgrenzen. Die Mutter ist jetzt eben nicht mehr das »Ein und Alles« der Tochter, ihr wird nicht mehr in allem Recht gegeben.

»In der Pubertät stößt die Tochter die Mutter vom Thron. Ganz gleich, wie sehr sich eine Mutter auch bemüht, perfekt zu sein, die fortschreitende Pubertät und die neu erworbene Fähigkeit der Tochter, Alternativen zu entwickeln, stellen die Unfehlbarkeit der Mutter in Frage.«[4]

Sie sucht neue Freiheiten und schlägt dabei immer wieder auch über die Stränge.

Eine Tochter kann ihre Gefühle in der Pubertät noch nicht so steuern, kann noch nicht so viele Alternativen der emotionalen Reaktion entwickeln, wie dies die Mutter kann.[5] Eine Tochter ist darum ihren Gefühlen oft hilflos ausgeliefert und fühlt sich häufig nicht wohl in ihrer Haut. Dies erklärt, warum Mädchen in der Pubertät emotional oft so schwierig sind und in einer unangemessenen Weise aggressiv reagieren (müssen).

Mädchen merken von diesen negativen Wirkungen ihrer Emotionen in der Regel nichts oder nur wenig. Spricht man sie in späteren Jahren nochmals darauf an, dass der Umgang mit ihnen nicht einfach war, sind sie sehr überrascht, dass sie eine so »schwierige Tochter« gewesen sein sollen.

Gleichzeitig wünschen sich aber Töchter in der Pubertät eine gute Beziehung zur Mutter[6] und zum Vater. Denn Mädchen finden ihre neue Identität gerade auch im Gegenüber zur Mutter und zum Vater, indem sie sich streiten und reiben können, indem sie am Widerstand der Eltern reifen und wachsen können.

Töchter brauchen darum in dieser Zeit Mütter und Väter, die sich nicht wie eine Gummiwand verhalten, sondern eher wie eine sichere, Schutz gebende Mauer.

Die Pubertät ist eine Zeit des Übergangs. Bisher waren es Mutter und Vater, die letztlich das Sagen hatten und über die Tochter verfügen und bestimmen konnten. Die Pubertät ist die Zeit, in der eine Tochter lernt, mehr und mehr selbst zu entscheiden und manches auch anders zu machen, als die Mutter es tun würde oder damals zu ihrer Jugendzeit getan hat.[7]

Es kann sein, dass ein Mädchen in der Pubertät Strategien entwickelt, wie es die Mutter belügen kann, um Dinge zu tun, die die Mutter ihr nicht erlauben würde. Manche Mädchen lernen sogar die Beschreibungen von Filmen auswendig, um der Mutter nachher vom angeblichen Kinobesuch berichten zu können, obwohl sie sich ganz woanders aufgehalten haben.

Töchter erleben es gerade in dieser Zeit als besonders schwierig, wenn ihre Freiheitstendenzen von den Müttern oder Eltern immer wieder beschnitten werden.

Wenn Mütter sich in solchen Auseinandersetzungen dem Willen der Tochter widersetzen, steckt dahinter in der Regel die Sorge um die Tochter. Die Tochter aber sieht darin oft nur die Einschränkung und fühlt sich missverstanden oder nicht ihren Fähigkeiten entsprechend behandelt. Töchter trauen sich oft mehr zu, als Eltern ihnen zutrauen.

Häufig sehen Eltern in dem pubertierenden Jugendlichen eher noch das Kind, während der / die Jugendliche sich schon eher als erwachsen sieht und damit ihre / seine Fähigkeiten und Möglichkeiten anders einordnet oder anders einschätzt, als das die Eltern tun[8].

So haben also Eltern häufig
eher den vergangenheitsorientierten Blick,

pubertierende Töchter dagegen eher den zukunftsorientierten Blick.

Es kann in einer Auseinandersetzung hilfreich sein, sich das zu vergegenwärtigen.

Vertrauen

Mädchen, die ihrer Mutter früher alles vertrauensvoll erzählt haben, bauen jetzt möglicherweise einen inneren Schutzraum auf, von dem die Mutter ausgeschlossen wird.

Bestimmte Themen werden eben nicht mit der Mutter, sondern mit Freundinnen besprochen, wie z. B. Sexualität, Beziehungen zu Jungen, Gefühle.

Dies sind Zeichen eines ganz normalen Ablösungsprozesses.

Wenn Eltern sich in dieser schwierigen Sturm- und Drangzeit nicht um ihre Kinder kümmern, vermitteln sie den Kindern Gleichgültigkeit. Solche Gleichgültigkeit ist oft auch ein Zeichen von eigener Unsicherheit.

Gerade in der Pubertät wollen Jugendliche die Liebe der Eltern testen: *»Gilt sie auch noch, wenn ich Fehler mache und Grenzen überschreite?«*

Darum ist für Töchter eine Auseinandersetzung und auch ein echter Streit mit der Mutter oft besser zu verkraften als eine enttäuschte, beleidigte oder desinteressierte Mutter. Beleidigtes

Schmollen macht eine Mutter unnahbar, unsachlich und wirkt auch erpresserisch. Die Reaktion ist für eine Tochter nicht nachvollziehbar. Sie wird unter Druck gesetzt, aber das Problem ist nicht gelöst, die Themen werden nicht ausgesprochen.[9]

Ann Caron schildert die Konflikte in der Pubertät, sie lässt dabei eines der Mädchen zu Wort kommen: »Meine Mutter erlaubte mir alles und ich brachte mich absichtlich in Schwierigkeiten, nur um herauszufinden, ob es ihr etwas ausmacht. Ich habe Dinge getan, für die ich wirklich Prügel verdient hätte. Jedenfalls hätte ich Verständnis dafür gehabt. Ich hätte sie bestimmt nicht dafür gehasst, aber ich hasse sie, weil sie mich nicht bestraft hat ...«[10]

Die Kommunikation zwischen der Mutter und der Tochter in diesem Beispiel war gestört. Da das Mädchen keine positive Zuwendung erfuhr, versuchte es, wenigstens auf negative Weise die Aufmerksamkeit der Mutter zu bekommen. Dies hätte dieses Mädchen immer noch als besser empfunden, als überhaupt keine Reaktion der Mutter.

Wenn Eltern sich Sorgen machen, kann das für Kinder positiv sein, weil sie dadurch erfahren, dass sie jemandem wichtig sind und letztlich darin auch einen Rückhalt haben.

Sorgen können aber auch negativ wirken – Kinder fühlen sich kontrolliert oder eingeengt durch Rückfragen, Kontrolle oder auch Verbote. Das richtige Verhalten müssen Eltern im Einzelfall immer neu erspüren. (Mehr dazu in Kapitel 3; »Mut zum Widerstand«.)

Vertrauen ist der beste Weg in die Selbstständigkeit.

Woran erkennt ein Kind, dass seine Mutter ihm vertraut?

Einige Aussagen von Mädchen dazu in Auswahl, zusammengestellt in einem Seminar für Teenager-Mädchen[11]:
Meine Mutter zeigt mir Vertrauen, wenn

- *sie mich allein einkaufen lässt;*
- *sie nicht dauernd hinter mir her spioniert;*
- *sie mich allein zu Hause bleiben lässt;*
- *sie mir keine lange Liste mit Regeln dalässt, wenn sie mal fortgeht;*
- *sie glaubt, dass ich mit den meisten Situationen allein zurechtkomme;*
- *sie akzeptiert, dass ich ihr sage, was ich wirklich denke;*
- *sie nicht ständig darauf herumhackt, wenn ich einmal einen Fehler gemacht habe;*
- *sie mir erlaubt, Dinge auf meine Weise zu tun, auch wenn sie sich selbst vielleicht ganz anders verhalten würde;*
- *sie mich ein Problem allein lösen lässt.*

Meine Mutter zeigt mir kein Vertrauen, wenn

- *sie mir verbietet, wegzugehen, ohne mir einen Grund dafür zu nennen;*

- *sie glaubt, dass ich bei dem Konzert, zu dem ich gehe, Drogen nehme;*
- *sie mich dauernd fragt, ob ich meine Hausaufgaben gemacht habe;*
- *sie glaubt, dass ich auf Partys immer Alkohol trinke oder Drogen nehme;*
- *sie mich dauernd vor anderen Leuten warnt;*
- *sie verlangt, dass ich anrufe, sobald ich woanders angekommen bin;*
- *sie denkt, dass ich all die schlimmen Dinge auch anstelle, von denen sie dauernd hört.*

Wertschätzung

Die stärkste Veränderung erlebt ein Mädchen in dieser Zeit im Blick auf ihren Körper – vom Kind zur Frau.

Der Geruch, das Aussehen, die Empfindungen, die Größe – alles ändert sich und oft nicht so, wie es dem Mädchen gefällt. Zu einem Ja im Blick auf den eigenen Körper zu finden, ist in dieser Zeit schwierig.

Viel Selbstablehnung und Selbstverachtung schwingen da mit.

Die Mutter gibt unbewusst die Beziehung zum eigenen Körper als Grundeinstellung an die Tochter weiter. Findet die Mutter ihren Körper schön, ist sie gerne im Körper einer Frau, so wird sie dieses Bewusstsein und diese Erfahrung der Tochter vermitteln[12].

War ihr eigener Körper eine Quelle der Verunsicherung, des Schmerzes, der Misshandlung, wird eine Mutter sich schwer tun, ihrer Tochter positive Einstellungen zum eigenen Körper zu vermitteln.

Abwertende, kritische Aussagen der Mutter über den Körper der Tochter können deswegen sehr verletzend sein, tief treffen und die Selbstachtung auf einen Tiefpunkt fallen lassen.

Vor allem, wenn die Mutter die Tochter mit sich selbst vergleicht und die Tochter dabei abwertet. Z.B.:

- *Ich bin dünner als du.*
- *Du bist zu dick, du solltest was für deine Figur tun.*

Dies kann Auslöser, nicht Ursache, für eine Ess-Störung sein.

Genauso störend ist es für eine Tochter, wenn die Mutter sich mit ihr vergleicht und die Tochter dabei ständig auf ein Podest hebt:

- *Beneidenswert, wie du aussiehst.*
- *Ach, wenn ich doch auch so schön wäre.*

Solches Verhalten der Mutter zeigt der Tochter, dass die Mutter nicht zu sich und ihrer Figur stehen kann, dass sie sich nicht annimmt, wie sie ist.

Das Miteinander der Eltern und die Beziehung der Tochter zum Vater spielen ebenso eine wichtige Rolle. Auch Väter können Töchter gerade in dieser Entwicklungsphase sehr helfen oder sehr tief verletzen.

Am Miteinander der Eltern gerade im körperlichen und sexuellen Bereich wird die Einstellung eines Mädchens zu sich und ihrem Körper in entscheidender Weise geprägt.

Die Tochter erlebt auch, dass sie zur Frau wird, dass ihre Erlebnisse mit denen der Mutter vergleichbar werden.

Möglicherweise findet in der Pubertät eine gewisse Solidarisierung mit der Mutter und umgekehrt statt – die Mutter wird zur Vertrauten. Sie bekommt alle Liebesgeschichten erzählt und weiß alles.

Hält dieser Zustand aber zu lange an, wird es für eine Tochter schwierig, eine eigene Identität zu entwickeln.

»... als junge erwachsene Frau«

Zum Erwachsenwerden gehört, sich in guter Weise innerlich von der Mutter zu lösen und zu einem eigenständigen und eigenverantworteten Leben zu finden.[13]

Wenn die Tochter Eigenständigkeit erlangen will, kann sie nicht das Spiegelbild ihrer Mutter sein[14].

Dieser Prozess ist aber nicht immer ganz einfach.

Es kann sein, dass sich die Mutter – gefragt oder ungefragt – gerade in diesem Prozess des Selbstständigwerdens in einer Weise in das Leben der Tochter einmischt, dass diese sich in eine Ecke gedrängt fühlt und deswegen aggressiv auf die Mutter reagiert.

Eine Frau beschrieb die Situation so: »Als ich mein eigenes Leben aufbauen wollte, beruflich und durch den Umzug in eine andere Stadt, ist es mir immer wieder passiert, dass meine Mutter mitbestimmen wollte. Manchmal hatte ich den Eindruck, dass sie ihrem eigenen Leben Sinn geben wollte, indem sie über mich verfügen wollte. Ihr eigenes Leben schien gar keinen Wert für sie zu haben. Wenn ich diese Einmischung nicht wollte, war sie beleidigt und ich fühlte mich schuldig. Darum habe ich oft sehr wütend auf meine Mutter reagiert.«

Durch solche Verhaltensmuster waren beide in einer negativen Weise ineinander verwickelt und aneinander gebunden, machten sich gegenseitig das Leben schwer.

Die Mutter fühlt sich in falscher Weise mitverantwortlich. Die Tochter fühlt sich schuldig, wenn sie auf die Bemühungen der Mutter nicht positiv reagiert.

Wenn eine Mutter von sich aus mit dem Prozess des Loslassens Schwierigkeiten hat, sollte ihr darum vonseiten der Tochter (und deren Ehemann) geholfen werden. Manchmal müssen der Mutter dabei auch Grenzen gesetzt werden.

Die Mutter soll lernen, dass sie für das Leben ihres Kindes nicht mehr verantwortlich ist. Sie soll ihr eigenes Leben gestalten und mit Aufgaben und Inhalten füllen und sich an den neuen Chancen freuen.

»... bei der Hochzeit«

Wenn eine Frau heiratet, bedeutet dies einen intensiven Umbruch in der Beziehung zu den Eltern, insbesondere zur Mutter.

Das biblische Gebot macht deutlich, dass ein Mann Vater und Mutter verlassen soll. »Darum wird ein Mann seinen Vater und seine Mutter verlassen und seiner Frau anhangen und sie werden sein ein Fleisch.«[15] Dass hier nicht ausdrücklich von der Frau die Rede ist, liegt daran, dass es in der damaligen Kultur sowieso selbstverständlich war, dass Frauen mit der Eheschließung aus dem Elternhaus auszogen.

Das bedeutet, dass schon in der Schöpfungsgeschichte deutlich wird, dass Gott Mann und Frau in ihrer Ehe eine neue Einheit schenken will. Sie sind von nun an einander wichtiger und sollen einander mehr bedeuten als den Eltern und umgekehrt.

Mit diesem biblischen Gebot ist nicht unbedingt zuerst ein äußeres Verlassen gemeint, sondern ein inneres Reif- und Selbstständigwerden.

Wie zur Geburt das Abnabeln des Kindes von der Mutter gehört, so setzt der Start auf den Eheweg das geistige und seelische Abnabeln von den Eltern voraus.

Darum gehört zum Verlassen auch das Loslassen der Eltern.

Verlassen bedeutet:

- Mann und Frau gehören enger zueinander als zu den Eltern und auch später zu den eigenen Kindern.
- Bei Uneinigkeiten mit den Eltern sollen die Partner immer zueinander stehen und sich nicht auf die Seite der Eltern stellen – selbst wenn diese vielleicht Recht haben.
- Eltern dürfen keinen Streit zwischen den Ehepartnern verursachen.
- Ehepartner sollten auch nicht den Mann mit dem Vater oder die Frau mit der eigenen Mutter vergleichen (beim Kochen, Putzen, Wohnung richten, Organisieren der Zeit und Arbeit etc.).
- Um diese Ablösung zu vollziehen, kann es am Anfang der Ehe auch sehr wichtig sein, nicht in der Nähe der Eltern zu wohnen. Wenn es jedoch unvermeidlich ist, mit den Eltern zusammen im Haus zu wohnen, braucht ein Ehepaar einen abschließbaren Bereich, in dem die Eltern nichts zu sagen haben.

Solche Ablösungsprozesse sind für Eltern oft schwer nachvollziehbar, aber sie sind für die Ehe der Kinder und auch für die Ehe der Eltern wichtig.

Mütter oder Eltern, die durch die Konsequenz der Kinder manchmal vor den Kopf gestoßen wurden, haben dies hinterher oft dankbar zum Anlass genommen, sich mit ihrem eigenen Leben und ihrer Ehe in ganz neuer Weise zu beschäftigen.

Durch das Kennenlernen der Familie des Ehemanns und der Schwiegereltern werden auch die Muster und Verhaltensweisen, Konfliktlösungsmechanismen und Bewertungen der eigenen Familie in Frage gestellt.

Zwei verschiedene Milieus treffen nun aufeinander und helfen zur Reflexion der eigenen Erfahrungen in der Kindheit und Jugend, möglicherweise werden eigene Einstellungen und Meinungen dadurch hinterfragt.

Dies erleichtert auch die Ablösung von der Mutter und den Eltern, weil das eigene Erlebte nicht mehr so absolut gesetzt werden kann.

Die Beziehung zur Schwiegermutter ist in der Regel anders als zur Mutter. Sie kann positiver oder negativer sein.

Kritik vonseiten der Schwiegermutter wird eher als Ablehnung der eigenen Person empfunden. Kritik vonseiten der Mutter wird eher als Fortsetzung der Mutterrolle verstanden.

Man könnte auch so formulieren: Die Rolle Mutter-Tochter ist vertrauter oder emotional näher – auch dann, wenn sie negativ ist. Sie spielt sich »hinter den Kulissen« ab. Die Beziehung zur Schwiegermutter ist öffentlicher, »auf der Bühne«[16].

Es gibt auch Statistiken, die behaupten, dass Schwiegermütter bzw. Großeltern väterlicherseits oft den Eindruck haben, sie müssten sich die Beziehung zur Schwiegertochter »erkaufen«[17]. Ihre Hilfeleistungen seien eher finanzieller Art. Großeltern mütterlicherseits zeigen ihre Hilfe eher mit Dienstleistungen (Kinder beaufsichtigen, im Haushalt helfen etc.). Dies wird damit begründet, dass Mütter über die Tochterbeziehung eher Zugang zur Familie haben. In der Regel sind Töchter auch eher bereit, in Erziehungs- und Gesundheitsfragen auf den Rat der Mutter als auf den der Schwiegermutter zu hören.

Sicher spielt dabei aber auch die räumliche Nähe bzw. Distanz der jeweiligen Eltern eine Rolle. Wenn eine Tochter im Haus oder in der Stadt der Schwiegereltern wohnt, ist es eher die Regel, dass diese Großeltern sich dann auch an der Aufsicht der Kinder beteiligen und der Familie mit Dienstleistungen und Rat zur Verfügung stehen.

Die Beziehung zur Schwiegermutter kann auch eine Hilfe bei der Ablösung von der Mutter sein. Je nach Verhältnis zur eigenen Mutter kann eine Schwiegertochter bei der Schwiegermutter das erleben und bekommen, was sie bei der Mutter immer vermisst hat: emotionale Wärme und Zuneigung, Nähe und Wertschätzung.

Es kann auch umgekehrt sein: eine Tochter wird – im Vergleich mit der Familie des Ehepartners – neu dankbar für das Verhältnis zur Mutter bzw. zu den Eltern und für das, was sie durch ihre eigene Familie an Werten, an Geborgenheit und Liebe empfangen hat.

Ist eine Tochter nicht verheiratet, ist die Ablösung schwieriger. Die Anlässe dazu wie Heirat und Kinder sind nicht vorhanden. Darum müssen unverheiratete Frauen oft in ganz besonderer Weise um ihre Unabhängigkeit und Loslösung von der Mutter kämpfen.

(Mehr dazu in Kapitel 5.)

»... beim Mutterwerden«

Mutter werden bedeutet unter anderem auch, eine neue Sichtweise auf die eigene Mutter zu bekommen.

Manches, was an positiven und negativen Gefühlen in einer schwangeren Frau vorgeht, hat die Mutter möglicherweise genauso oder ähnlich erlebt.

Während der Schwangerschaft wird die Beziehung zur Mutter nochmals verändert.

Einerseits wird eine Tochter neu dankbar für

all das, was sie durch ihre Mutter erfahren und als Lebensausrüstung mitbekommen hat. Andererseits tauchen auch Konflikte mit der Mutter wieder auf. Fragen stellen sich in einer ganz neuen Weise:

- *Ich werde Mutter,*
  werde ich dann auch wie meine Mutter?
- *Oder kann ich es ganz anders machen als sie?*
- *Was kann ich von ihr lernen?*

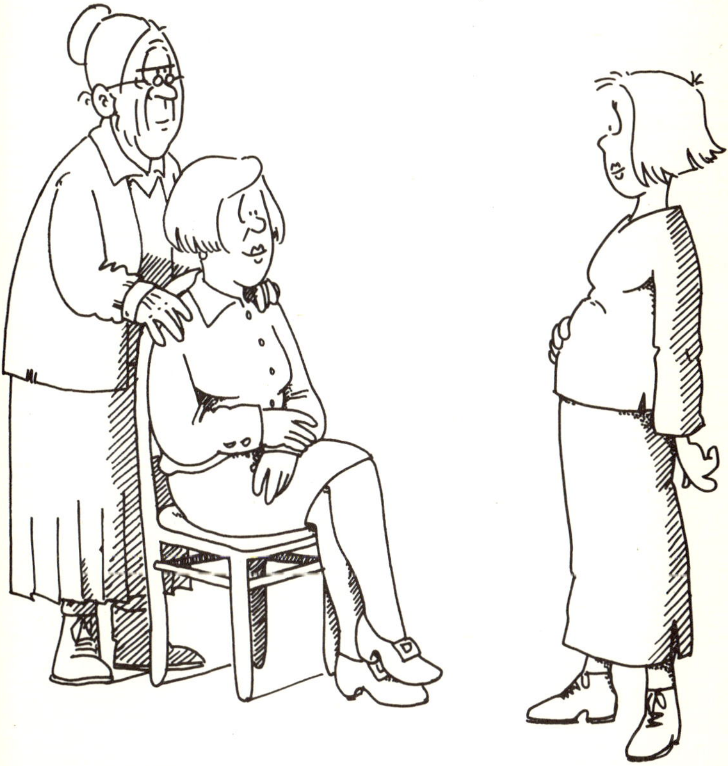

Was schon bei der Hochzeit beginnt, setzt sich nun in der Schwangerschaft möglicherweise noch intensiver fort. Die Tochter nimmt die eigene Mutter nochmals in neuer und tieferer Weise als Tochter der eignen Großmutter wahr. Möglicherweise bekommt die Tochter gerade dadurch nochmals ein neues Bewusstsein für die Mutter und deren Vergangenheit, evtl. auch für deren Probleme mit ihrer Mutter: Eine Frau formulierte es einmal so: »Meine Mutter ist eine Frau mit Vergangenheit, sie hat Schweres erlebt in der Beziehung zu ihrer Mutter und ihrem Vater. Dies hilft mir heute, sie besser zu verstehen und ihre Gefühle und Reaktionen einzuordnen[18].« Diese neue Blickrichtung auf die Mutter gibt der Tochter unter Umständen ein neues Verständnis für die Mutter und ihr Verhalten. Damit ist eine weitere Chance zur Veränderung der Beziehung zwischen Tochter und Mutter gegeben.

Mit dem Erlebnis, selbst Mutter zu sein, werden manche Erfahrungen mit denen der Mutter vergleichbar.

Fürsorge, die wir als Kinder selbst erfahren haben, schenken wir nun an die eigenen Kinder weiter.

Aber auch den Mangel und Schmerz, den wir erlebt haben, geben wir unbewusst wieder an die Kinder weiter.

Häufig werden in dieser Phase des Mutterwerdens und der ersten Erfahrungen mit eigenen Kindern viele Erlebnisse der eigenen Kindheit wieder zum Leben erweckt – und darum auch die möglicherweise noch nicht gelösten Konflikte.

Umgekehrt wird eine Großmutter auch wieder an ihre ersten Erfahrungen und Erlebnisse als Mutter erinnert. Vieles, was möglicherweise schon in Vergessenheit geraten ist, taucht wieder auf. Die Großmutter möchte dies nun mit ihrer Tochter teilen.

Manche Töchter erleben dies als Einmischung der eigenen Mutter. Sie haben den Eindruck, dass die frisch gebackene Großmutter ihre ganzen Erfahrungen in der Kindererziehung weitergeben möchte und darum die Fürsorge für die Tochter in dem Enkelkind fortsetzen will. So kann es sein, dass eine junge Mutter von der eigenen Mutter ungefragte Ratschläge bekommt, die es ihr schwer machen, zu einem eigenen Stil zu finden und eigene Erfahrungen zu machen.

Die Art und Weise, wie die Großmutter sich den Enkeln zuwendet, weckt bei der Mutter wieder Erinnerungen an die eigene Kindheit.

Andererseits bekommt eine Tochter, wenn sie selbst Mutter wird, auch ein neues Verständnis für die Mutter und deren Freuden und Probleme mit dem Muttersein. Vielleicht bekommt sie auch eine neue Achtung vor der Mutter und deren Erziehungsleistung, vor deren Engagement und Liebe, die sie in ihre Kinder investiert hat.

Viele Fragen, Freuden und Probleme, die eine Mutter in der Erziehung erlebt, kennt die eigene Mutter möglicherweise auch aus Erfahrung.

Hier einander davon zu erzählen und die Mutter auch um Rat fragen zu können, ist in geklärten Beziehungen gut möglich und kann eine wichtige Hilfe und Unterstützung sein.

Solches Teilen und Mitteilen von Erfahrungen bereichert das Leben zwischen Mutter und Tochter nochmals in neuer Weise.

»... als gereifte Frau«

Wenn Töchter erwachsen sind, wenn Ablösung in guter Weise stattgefunden hat und die Mutter die Tochter loslassen und freigeben konnte, kann eine Tochter-Mutter-Beziehung zu einer wirklichen Frauen-Freundschaft werden.

Es gehört mit zum Schönsten, wenn man das erleben kann. Dies ist aber nur dann echt und ehrlich, wenn eine innere Auseinandersetzung mit den Lebenseinstellungen der Mutter stattgefunden hat.

Solange Meinungen, Einstellungen, Verhaltensweisen einfach nur von der Mutter unreflektiert übernommen werden, kann eine Frau wohl freundschaftlich mit ihrer Mutter verbunden sein, aber sie bleibt dabei Kind.

Als erwachsene gereifte Frau zur Mutter eine gute Beziehung pflegen zu können, braucht eine versöhnte, gelassene und dankbare Loslösung von ihr und eine Haltung der Achtung ihr gegenüber. Diese Ablösung kann manchmal auch von schmerzhaften Prozessen der Betrachtung der

Vergangenheit und der damit verbundenen Gefühle und Erlebnisse begleitet sein.

Als Maßstab für eine gleichgestellte Beziehung zwischen Mutter und Tochter kann gelten, wenn sowohl Mutter als auch Tochter sich einander etwas anvertrauen können, ohne damit über den anderen verfügen oder bestimmen zu wollen.

In der Psychologie wird diese Phase auch »Wiederannäherungsphase«[19] genannt. Diese so genannte Wiederannäherung tritt umso eher ein, desto mehr sich die Tochter zu einer selbstständigen Persönlichkeit mit eigenen Entscheidungsmöglichkeiten entwickeln konnte.

Wird dies allerdings verwehrt, kann es unterschiedliche negative Entwicklungen geben:

- Es kann in eine krankhafte Abhängigkeit und Unselbstständigkeit führen, so dass solche Frauen auch als Erwachsene nicht ohne die Mutter leben und entscheiden können. Stirbt die Mutter dann, sind solche Frauen oft nicht wirklich lebenstüchtig und brauchen andere Menschen, die zur »Ersatzmutter« werden, Menschen, die ihnen sagen, was sie zu tun und zu lassen haben (siehe dazu auch Kapitel 4).

- Es kann auch sein, dass Mutter und Tochter gemeinsam eine Koalition gegen die jeweiligen Ehepartner der Frauen bilden. Eine möglicherweise männerverachtende Grundhaltung kann die Ursache dafür sein. Auch hier gibt die Mutter ihre Einstellungen an die Tochter weiter, die letztlich auch eine Ehe blockieren und hindern kann.

- Es kann auch in eine innere Distanz zur Mutter führen, eine permanente Abwehrhaltung und eine negative Fixierung auf alles, was vonseiten der Mutter kommt. (Mehr dazu in Kapitel 4.)

»... im Alter oder beim Älterwerden«

Wenn Töchter und Mütter älter werden, verändert sich ihre Beziehung zueinander nochmals deutlich.

Zuerst ist die Mutter die Starke, Erziehende und Bestimmende.

Im mittleren Erwachsenenalter gibt es in der Regel eine ausgewogene Partnerschaft.

Beim Älterwerden der Mutter ist dagegen die Tochter oft die Stärkere, Bestimmendere und Verfügende.

Gerade auch wenn die Mutter pflegebedürftig, senil oder hilflos geworden ist, dreht sich die Beziehung um.

Der Verlust der Selbstständigkeit der Mutter, möglicherweise auch der Verlust des klaren Denkens, ist oft schwer zu akzeptieren – sowohl für die Mutter als auch für die Tochter.

Die Tochter erlebt die Mutter in einer neuen Weise, mit einer veränderten Persönlichkeit. Solche Persönlichkeitsveränderungen sind oft ein Auslöser für eine Rollenumkehrung[20].

Das zeitliche Engagement für die Mutter ist möglicherweise viel intensiver, je nachdem wie stark sich die Tochter in der Pflege und Betreuung engagiert.

Eine solche Rollenumkehrung bedeutet für beide Seiten auch Trauerarbeit. Unterschiedliche Formen des Verlustes müssen verarbeitet werden:

- Die Mutter oder Eltern verlieren die Kontrolle über den Körper oder den Verstand.
- Die Mutter kann nicht mehr über ihre Lebensgestaltung bestimmen.
- Die freie Einteilung der Zeit ist für beide nicht mehr möglich.
- Die Tochter verliert die partnerschaftliche Beziehung zur Mutter oder zu den Eltern.
- Eine Tochter kann sich keinen Rat mehr holen.
- Sie erhält keine Fürsorge und möglicherweise keine Fürbitte mehr.
- Geburtstage oder andere wichtige Festtage und Jubiläen werden von der Mutter vergessen.
- Die Anteilnahme der älteren Generation am eigenen Leben fehlt.

Was von den Kindern als Fürsorge verstanden wird, erleben die Eltern möglicherweise als Einmischung.

So kann es sein, dass die Beziehung zur Mutter oder zu den Eltern im hohen Alter nochmals sehr konfliktträchtig und auch von Schuld- und Versagensgefühlen begleitet wird.

In der Bibel finden wir den Satz: »Verachte deine Mutter nicht, wenn sie alt wird.[21]« Jesus hat danach gehandelt und sich noch im eigenen Sterben um seine Mutter bemüht.

Manche Töchter stehen im Alter der Mutter auch vor schweren Entscheidungen: Nehme ich meine Mutter zu mir oder gebe ich sie in Pflege? Viele Frauen haben Schuldgefühle allein bei dem Gedanken, die Mutter anderen Menschen zu überlassen.

Eine einfache Lösung gibt es dafür nicht, aber folgende Fragen können eine Hilfe sein:

Ist es das Beste für alle Seiten und geschieht es aus Liebe und der Verantwortlichkeit? Können wir uns hinterher noch in die Augen sehen?

Entscheidend ist dabei, dass wir verantwortliche, gemeinsam mit der Familie getragene Entscheidungen treffen und dass wir beachten, dass eine Beziehung auch innerlich sehr gut sein kann, auch wenn die Mutter äußerlich getrennt von den Kindern ist.

»... nach dem Tod der Mutter«

Wenn eine Mutter stirbt, dann ist das in der Regel sehr schmerzlich für eine Tochter.

Ein Mensch, der eine wichtige Rolle in einem Leben gespielt hat, ist für immer gegangen.

Eine Beziehung ist für immer zu Ende.

Der Tod an sich ist schon ein schwerer Einschnitt im Leben.

Jede Konfrontation mit dem Tod macht uns unsere eigene Vergänglichkeit bewusst.

Mit dem Tod eines geliebten Menschen geht auch dessen Erfahrungsschatz, dessen Rat verloren. Der Verlust einer Mutter (oder eines Vaters) scheint eine Lücke zu hinterlassen, die zunächst niemand auszufüllen vermag.

Eine Frau beschrieb es einmal so: »Jetzt, nachdem meine Mutter gestorben ist, fehlt mir das ›Dach‹, der emotionale Schutz der Generation über mir.«

Die ältere Generation gibt der nachkommenden Generation Halt. Stirbt eine Mutter, rückt die Tochter sozusagen in der Generationenfolge nach und muss nun lernen, selbst »Dach« zu sein, selbst Schutz gebend und Halt gebend für eine jüngere Generation. Viele fühlen sich anfänglich dieser Aufgabe nicht gewachsen und erleben auch darum den Verlust oft sehr schmerzlich.

Für viele Frauen beginnt nach dem Tod der Mutter nochmals eine neue Auseinandersetzung mit ihr und ihrem Leben.

Nach dem Tod kommen oft erst die Fragen auf, die man ihr gerne noch gestellt hätte: Fragen, für die nie Zeit war oder die zu brisant waren, oder auch Fragen, die überholt schienen oder nebensächlich.

Nach dem Tod kommen solche Fragen manchmal auch brennend, mit Wut und Trauer. Und auch die ungelösten Konflikte melden sich nochmals neu zu Wort.

Der Tod ist der Abschied von einem Menschen, aber nicht der Abschied von den Erinnerungen, von den Gefühlen oder auch von den Lebensaufträgen, die der andere einem mitgegeben hat.

In der ersten Zeit nach dem Tod getraut man sich nicht, negativ über die Verstorbene zu reden oder zu denken. Später aber kommen auch die negativen Erinnerungen und die unverarbeiteten Erlebnisse mit der Mutter wieder und können uns quälend beherrschen: *»Warum hat sie immer so reagiert? Warum ist sie so mit mir umgegangen?«*

Ist die Bindung zur Mutter nicht gelöst, ist möglicherweise noch Hass und Wut da, dann ist es zunächst ein normaler Mechanismus, solche Gefühle nach dem Tod zu verdrängen. Oft werden dann auch Haltungen und Einstellungen, Verhaltensweisen der Verstorbenen von der Tochter wieder übernommen, um die verstorbene Mutter auf diese Weise weiterleben zu lassen. Es ist ein Weg, den eigenen negativen Gefühlen nicht ins Auge sehen zu müssen, ein Weg, der Trauer auszuweichen.

Ohne Trauer kommen Menschen aber innerlich nicht weiter. Ohne Trauer können wir nicht wachsen und reifen und in die Zukunft blicken.

Echte Trauer lässt den anderen gehen, auch mit allem Unvollkommenen und Ungelösten der Vergangenheit.

Echte Trauer schließt auch das Wahrnehmen der Fehler des anderen mit ein und mündet in die Dankbarkeit für deren Leben.

Auch hier ist ein bewusstes Loslassen, Vergeben und Danken lernen für das Leben der Mutter ein wichtiger Schritt, um innerlich für die Zukunft frei zu werden.

Eine Hilfe bei der Verarbeitung kann sein,

- nochmals in die Heimatstadt der Mutter zu reisen;
- alte Fotos zu betrachten;
- ein imaginäres (also vorgestelltes) Gespräch mit der Mutter zu führen;
- ihr einen Brief zu schreiben;
- Gespräche mit Verwandten und Freunden der Mutter zu führen;
- Weinen über verpasste Chancen.

All dies kann in einer inneren Versöhnung mit der eigenen Lebensgeschichte und in einen Dank für die Mutter und das, was sie für das eigene Leben bedeutet hat, münden. Dann hat dies klare Auswirkungen auf mein Verhalten und meine Lebensweise:

- *Ich bin bereit, als eigenständige und erwachsene Frau selbst für mein Leben Verantwortung zu übernehmen.*
- *Ich muss nicht wie meine Mutter werden, um ihrem Sterben einen Sinn oder ihrem Leben eine Fortsetzung zu geben.*
- *Ich gebe weder meiner Mutter noch anderen Personen meiner Vergangenheit die Schuld für meine Entscheidungen und mein Verhalten.*
- *Ich kann auch auf die schwierigen Zeiten meines Lebens dankbar zurückblicken.*
- *Ich schließe Frieden mit der eigenen Mutter.*
- *Ich akzeptiere die eigenen Unvollkommenheiten und die Fehler der Mutter.*
- *Ich bekomme von Gott Frieden über die Vergangenheit.*
- *Ich bin bereit, in einer ähnlichen Weise Verantwortung für eine nachkommende Generation zu übernehmen und so auch die Nachfolge der Mutter anzutreten.*

Kapitel 3

Die Beziehung der Mutter zur Tochter

Vorbemerkung

Im Folgenden soll nun umgekehrt versucht werden, die Beziehung aus der Sicht der Mutter zu beschreiben.

Manches kommt Ihnen vielleicht bekannt vor, da es bereits in Kapitel 2 – aus der Sicht einer Tochter – angesprochen wurde.

Doch die Sichtweise der Mutter ist eine andere – und kann eine Hilfe für die Tochter sein, die Mutter besser zu verstehen.

Viele Frauen freuen sich ungeheuer, eine Tochter zu bekommen. Nun können sie endlich die Liebe, die sie selber einmal bekommen und erfahren haben, weitergeben an ein kleines Kind.

Für Frauen, die eher eine negative Kindheit erlebt haben, ist die Geburt einer Tochter häufig wie die eigene Wiedergeburt mit einer positiveren Identität[1].

Manche Frau wünscht sich, dass sie nun all das, was die eigene Mutter bei ihr versäumt hat, in der Beziehung zur Tochter nachholen kann. Sie wünscht sich, die Fehler der Mutter wieder gutmachen zu können. Die Tochter soll es einmal besser haben als sie selbst. Als Mutter will sie es ebenfalls besser machen.

»… während der Schwangerschaft «

Mutter werden, schwanger sein – eine umwälzende Entdeckung, eine aufregende Zeit, eine Herausforderung auch für das Ehepaar. Denn dessen partnerschaftliche Beziehung zueinander beruht jetzt auch auf der gemeinsamen Verantwortung für ein Kind, weist viel weiter in die Zukunft hinein als vorher, verpflichtet sie neu füreinander und für die nächste Generation.

Das Paar ist jetzt nicht mehr nur in Beziehung zueinander und füreinander da, sondern steht sich einander auch als werdende Mutter und werdender Vater gegenüber. Ein neues, erweitertes inneres Bild vom Partner entsteht. Eine spannende gemeinsame Aufgabe kommt auf die Ehepartner zu.

Wenn eine Frau entdeckt, dass sie schwanger ist, dann beginnt für sie eine vollkommen neue Zeit. Der ganze Körper der Frau ist auf das werdende Leben ausgerichtet – und die Psyche ebenso.

Ein Kind wächst in einer Frau heran.

Das Baby im Leib der Mutter kann nicht ohne sie leben, die Mutter erlebt durch die Schwangerschaft ein erweitertes Lebensgefühl[2]: Leben in ihr, spürbar an den Bewegungen des Kindes und an seinen Reaktionen auf Geräusche und auch Gefühle.

Das Heranwachsen eines Kindes im Mutterleib ist immer wieder ein Wunder – dies kann große Freude in einer Frau auslösen, spannungsvolles Erwarten, Vorfreude auf das Kind und die gemeinsame Zukunft. Zugleich bedeutet es aber auch eine große psychische Beanspruchung einer Frau bis hin zu starkem emotionalem Stress.

Je nachdem, ob das Kind gewollt oder nicht gewollt ist, wird sich die Mutter unterschiedlich darauf einstellen.

Ein Kind kann sämtliche Zukunftspläne durcheinander bringen – angefangen von Urlaubsplänen bis hin zu Umzugsplänen oder Berufsplänen.

Die Gewissheit, schwanger zu sein, löst nicht bei allen Frauen ausschließlich Glücksgefühle aus.

Auch Angst kann mitschwingen und viele verschiedene Fragen können einer Mutter im Kopf herumgehen:

- *Bin ich dem allen gewachsen?*
- *Wird alles gut gehen?*
- *Ist das Kind überhaupt gesund?*
- *Was kommt da auf mich zu?*
- *Kann ich überhaupt Mutter sein?*
- *Muss ich noch einen Kurs für Erziehung oder Babypflege belegen?*

Und wenn schon Kinder da sind:

- *Wie werden die anderen Kinder es aufnehmen?*
- *Werde ich den anderen Kindern dann noch gerecht?*

Auch extreme Gefühle wie z.B. Ärger oder Wut können vorherrschend sein:

- *Warum musst du gerade jetzt in mir heranwachsen, so kurz vor meinem Ausbildungsabschluss, kurz vor dem Berufsbeginn oder kurz nach/vor der Beförderung?*
- *Ich hatte mich so auf diesen besonderen Urlaub gefreut. Damit ist es jetzt vorbei – und du, Kind in mir, bist schuld daran.*
- *Jetzt müssen wir wegen des Kindes heiraten.*

Möglicherweise wird es das Kind später immer wieder zu hören bekommen, dass es »schuld« daran ist, dass die Eltern heiraten mussten.

Vielleicht ging es bereits der eigenen Mutter so, dass sie ein Problem mit dem Schwangerwerden hatte. Auch solche Gefühle werden wieder erlebt oder erstmalig entdeckt, wenn eine Frau selbst schwanger wird.

Mit der Beziehung zu einem eigenen Kind und mit den Gefühlen, die darin erlebt werden, bekomme ich eine Chance, meine eigene Vergangenheit nochmals zu erleben und auch schwierige Punkte darin aufzuarbeiten.

Gerade in dieser Zeit ist es wichtig, auch in der Ehe immer wieder viel miteinander zu reden, sich über die Gefühle und die emotionalen Wechselbäder, die eine Frau durchmacht, auszutauschen.

Es ist gut, wenn ein Mann auch verstehen lernt, dass seine Frau schon allein durch die hormonellen Veränderungen aus dem emotionalen Gleichgewicht gebracht werden kann und sie dann auch in besonderer Weise Unterstützung benötigt.

Einen Mann betrifft das Entstehen eines Kindes nicht in einer solch existenziellen und ganzheitlichen Weise wie eine Frau. Eine Frau kann schon in der Schwangerschaft gesundheitlich gefährdet sein, ihr Leben kann sogar bedroht sein. Erst in der neueren Zeit geschieht es nicht mehr in dem Maß wie in den Jahrhunderten zuvor, dass Frauen bei oder nach einer Geburt sterben.

Auch bei Zukunftsplänen spielt für einen Mann das Vaterwerden eine etwas geringere Rolle als das Mutterwerden für eine Frau. Denn ein Kind ist zumindest am Anfang stark auf die Mutter angewiesen und die Mutter auf das Kind.

»… während der Säuglings- und Kleinkindzeit«

Freude und Stolz

Ein ganz wichtiges Gefühl nach dem Mutterwerden ist Freude und Stolz, Liebe zu dem Kind, das da in einem entstanden und gewachsen ist.

Das Erlebnis, Mutter geworden zu sein, kann ein unglaublich euphorisches Gefühl sein – voller Leidenschaft, überwältigt von dem Glück, jetzt ein eigenes Kind zu haben, das zu einem gehört und aus einem kommt, entstanden aus der Liebe zum Ehepartner.

Auch Hoffnungen gehören zu den Gefühlen einer Mutter.

Wenn neues Leben entsteht, ist damit eine neue Chance verbunden. Manche Mütter (natürlich auch Väter) übertragen ihre eigenen Hoffnungen des Lebens auf ihre Kinder und wünschen sich insgeheim, dass ihre Kinder einmal das leben und verwirklichen können, was ihnen selbst verwehrt blieb.

Solche Hoffnungen einer Mutter können aber auch eine Hypothek oder auch Druck auf dem Leben eines Kindes sein.

Verantwortung und Abhängigkeit

Die Geburt eines Babys wirbelt das Familien- und Eheleben kräftig durcheinander. Die Nachtruhe ist gestört. Die Frau ist erschöpft, hat oft wenig Lust zu sexuellen Kontakten und ihr emotionales Erleben dreht sich hauptsächlich um das Baby. Für einen Mann ist das keine leichte Zeit.

Nach der Geburt ist die Abhängigkeit zwischen Mutter und Kind groß. Die Mutter muss und will ihre Pläne nach dem Kind und seinen Bedürfnissen ausrichten. Sie weiß um die Verantwortung und Verpflichtung einem Kind gegenüber: Das Kind ist fast ausschließlich auf die Mutter angewiesen, vor allem solange es gestillt wird. Die Mutter stellt eigene Bedürfnisse und Wünsche – zum Beispiel nach Schlaf oder Erholung – oft genug zurück.

Andererseits erlebt eine Frau die Zeit mit ihrem Baby möglicherweise auch für sich als eine Quelle der Kraft. Wenn eine Mutter zum Beispiel stillt oder ihr Kind auf andere Weise füttert, erlebt sie, dass ein Kind dadurch wirklich satt wird: Nicht nur von der Nahrung, sondern auch von der Zuwendung und Liebe und danach wirklich zufrieden ist, still geworden, gesättigt. Solche Räume der Begegnung, in denen sich Bedürfnisbefriedigung ereignet, sind auch Erholungsräume für eine Mutter. Dieses elementare Erlebnis der Zufriedenheit eines Kindes, die Erfahrung, dass es der Mutter gelungen ist, aus einem schreienden Kind ein zufriedenes zu machen, schenkt auch der Seele einer Mutter Zufriedenheit und Freude.

Negative Erfahrungen: Depressionen, Wut und Zorn

Manche Frauen fallen direkt nach der Geburt in eine Depression. Dies kann zum einen hormonelle Gründe haben, aber es kann auch ein Gefühl der Überforderung mitschwingen. Angst, der Verantwortung nicht gewachsen zu sein, Verzweiflung, die Freiheit verloren zu haben und das Gefühl, unfähig zur Mutterschaft zu sein. Auch Angst, Stress und Wut auf das Kind / die Kinder oder auf sich selbst gehören zum Alltag einer Mutter dazu.

Manches Mal hat sie das Gefühl, ihr ganzes Leben drehe sich in Zukunft nur noch um Wickeln, Stillen, Waschen und Aufräumen. Eigene Freiräume und Pausen sind nur noch selten.

Manchen Frauen machen solche Erlebnisse und Erfahrungen auch Angst. Leicht kann das Gefühl entstehen: »Mein Leben geht jetzt immer so weiter und ich bin vollkommen ausgeliefert und fremdbestimmt.« Aus einer momentanen Empfindung wird die gesamte Zukunft in den Blick genommen und negativ bewertet:

- Stress durch Kindergeschrei zu jeder Tages- und Nachtzeit;
- Angst vor dem eigenen Versagen;

- Wut auf das Ausgeliefertsein an das Kind.
- Mit den negativen Gefühlen sind dann auch Schuldgefühle verbunden, weil jede Mutter meint, sie dürfe solche negativen Gefühle ihrem Kind gegenüber nicht haben.

Manche Mütter haben Angst, in den vielerlei Anforderungen, die auf ihnen als Mütter lasten, zu ersticken. Die liebevolle Pflege, die eine Mutter ihrem Baby angedeihen lässt, verliert ihre Faszination und wird zur Routine. Das Kind erscheint der Mutter nach und nach wie ein Tyrann, das alles von der Mutter fordert und ihre Zeitabläufe diktiert. Eine Mutter erzählte: »Als mein Kind immer wieder schrie, da fing ich an, an mir als Mutter zu zweifeln. Warum nur konnte ich dieses Kind nicht wirklich still und zufrieden machen? Ich fühlte mich durch das Geschrei angegriffen und in meinen Fähigkeiten als Mutter in Frage gestellt. So wurde ich manchmal richtig wütend auf das Kind und auf mich und eigentlich auch auf uns beide zusammen.«

In solchen Zeiten ist es gut, auch Kontakt zu Müttern mit etwas älteren Kindern zu haben und an deren Leben zu sehen, dass die Kleinkindphase eine vorübergehende Zeit ist und dass sie durchaus auch ihre Faszination und Schönheit hat. Die Zeit, in der Kinder klein sind, ist einmalig. Darum ist es wichtig, sich miteinander auch Freiräume des Genießens und der gegenseitigen Freude zu schaffen:

Miteinander Zeit haben, vorlesen, Bilderbücher anschauen, singen, spazieren gehen, miteinander lachen und schmusen, füreinander da sein und sich miteinander am Leben freuen.

Wenn eine Frau Kinder bekommt, wird dabei eine noch tiefere Schicht angerührt. Sie erlebt auf elementare Weise ihre eigenen Kindgefühle nochmals neu.

Im Umgang mit dem Kind werden eigene Erfahrungen und Erlebnisse aus der Kleinkindzeit der Mutter wieder zum Leben erweckt.

So kann es auch sein, dass sich die Mutter danach sehnt, die Liebe, die sie möglicherweise zu wenig erfahren hat, durch das eigene Kind zu bekommen.

Wenn es also der Mutter gelingt, ihr Kind glücklich zu machen und sie auf diese Weise Liebe zurückbekommt, ist alles in Ordnung. Sobald aber das Kind nicht aufhört zu schreien oder immer neue Forderungen stellt, können sich die Gefühle der Mutter sehr schnell in Zorn oder sogar Hass verwandeln.

Manche Erinnerungen kommen oft sehr schmerzlich und plötzlich wieder hoch, vor allem, wenn die Mutter selbst Demütigungen, Verletzungen oder Misshandlungen erlebt hat. Solche Gefühle sind dann im Extremfall auch Auslöser für Misshandlungen an Babys.

Manche Frauen erleben die Kommunikation zu ihrem Kind so, als erlebten sie sowohl sich selbst als Kind und ihre eigene Mutter nochmals neu. Dieses Erleben kann so stark sein, dass man den Eindruck hat, darin als eigenständige erwachsene Frau und Mutter nicht vorzukommen. Eine Mutter beschreibt es so:

»Es kommt mir so vor, als würde ich mit Hilfe von Sally alles Mögliche verarbeiten, was meine Mutter und mich selbst betrifft, als ich noch klein war. Die einzig fehlende Person bin ich als Erwachsene.«[3]

Wir erziehen meistens so, wie wir selbst erzogen wurden.

Darum verstehen wir manche Reaktionen, manche Frustrationen und manche Aggressionen im Umgang mit dem eigenen ersten Kind erst dann, wenn wir uns selbst an die Rolle des Kindes, die wir damals eingenommen haben, zurückerinnern.

Eine Mutter erlebte es folgendermaßen:

»Manchmal habe ich mich selbst nicht mehr verstanden: Wenn mein Kind seinen Teller nicht leer gegessen hat, bin ich oft so wütend geworden und habe mein Kind angeschrien, sodass ich am Ende vor mir selbst Angst hatte. Manchmal war ich kurz davor, es zu schlagen.

Manchmal waren es auch nur Kleinigkeiten, wie z. B. ein unaufgeräumtes Zimmer, eine nicht gemachte Hausaufgabe, ein bestimmter Blick, ein provozierendes Wort und dann bin ich schon ausgerastet und habe nur noch herumgebrüllt. Gleichzeitig aber habe ich mich für dieses Verhalten geschämt und gehasst.

Ich habe dann nach den Gründen geforscht und kam nach und nach dahinter, dass ich mich durch das Verhalten meines Kindes persönlich angegriffen und verunsichert gefühlt habe. Es hat mich immer an Situationen aus der eigenen Kindheit erinnert.«

Das, was wir als Kinder erlebt haben, übernehmen wir unbewusst und setzen es mit den eigenen Kindern wieder fort – Positives und Negatives. Mit unseren unkontrollierten Wutreaktionen sind wir aber nicht einverstanden. Wir würden es gerne anders machen. Wir wissen aber oft nicht wie.

Darum geraten viele Mütter aufgrund ihrer eigenen negativen Reaktionen in tiefe Selbstzweifel, Selbstanklagen oder Selbstvorwürfe:

- *Bin ich etwa unfähig zum Muttersein?*
- *Ist es überhaupt richtig, Kinder großzuziehen, wenn ich sie emotional immer wieder fertig mache?*

Große Verzweiflung kann eine Mutter überkommen, wenn sie sich selbst in solch unkontrollierten Aggressionen erlebt.

Die Mutter erzählte weiter: »Ich kam meinen Reaktionen erst auf die Spur, als ich mich an ähnliche Situationen, aus meiner Kindheit erinnerte. Es waren Situationen, in denen ich selbst als Kind emotionale Ungeborgenheit erlebt hatte. Situationen, in denen ich geschlagen oder angeschrien wurde, weil ich etwas Bestimmtes getan oder nicht getan habe.

Und es waren genau die Situationen, in denen ich nun als Erwachsene so hilflos war.«

Das bedeutet: Wenn Kinder selbst Mutter (oder Vater) werden, werden sie sozusagen emotional in die Kindheit zurückversetzt und sind darum unfähig, mit solchen Situationen angemessen umzugehen. Sie haben dafür kein positives inneres Bild und darum kein Handwerkszeug, um darin souverän zu reagieren.

Schwierige Erfahrungen der Kindheit sind deswegen oft eine Hypothek, die das Verhältnis zum eigenen Kind belasten können und die darum unbedingt geklärt und bereinigt werden müssen.

Sonst besteht die Gefahr, dass die Mutter das Kind zu einem Schatten ihrer selbst macht. Alles, was die Mutter nicht gelöst hat, überträgt sie auf das Kind.

Positive Erfahrungen: Lebenserweiterung

Durch das Leben mit Kindern erfährt das eigene Leben eine Erweiterung, die man sich so nicht vorstellen kann, solange man keine eigenen Kinder hat.

Mütter lernen durch ihre Kinder viel für sich und ihre eigene Persönlichkeit. Kinder sehen die Welt mit anderen Augen und stellen Fragen, die man als Erwachsene nicht mehr stellt. Durch die Kinder ist man gezwungen, neu über diese Fragen nachzudenken und Antworten darauf zu geben.

Kinder können sich über die Welt ungezwungen freuen und darüber staunen. Dadurch helfen sie uns verkopften und oftmals zu ernsten Erwachsenen, das Leben aus einer kindlicheren und darum oft auch einfacheren, entlastenderen und schöneren Sicht zu sehen.

Von unseren Kindern können wir neu das Staunen über die Welt und die Wunder der Schöpfung lernen. Wir lernen von ihnen das Lachen und sich freuen in einer neuen elementaren Weise.

Durch Kinder können wir uns oft auch erlauben, manches Ungelebte der eigenen Kindheit nachzuholen und es für uns selbst neu zu entdecken.

Kinder zwingen uns auch zur Ehrlichkeit. Sie spüren oft genauer als wir selbst, ob es uns gut oder schlecht geht und fragen uns dann nach den Ursachen unserer Stimmungen. Dies ist jedes Mal neu eine Herausforderung, sich selbst und anderen gegenüber ehrlich zu werden.

Kinder wecken in Erwachsenen Kreativität, die bisher vielleicht verborgen oder verdrängt war. Sich mit Materie der verschiedensten Art auseinander zu setzen und schöpferisch tätig zu werden, lernen wir gerade durch die faszinierend andere Art der Kinder in besonderer Weise.

Kinder machen Müttern ihre eigene Unvollkommenheit und Fehlerhaftigkeit bewusst.

Durch Kinder kommen wir in Situationen, in denen wir immer wieder an unsere Grenzen kommen. Dadurch werden wir herausgefordert, unsere Möglichkeiten und Grenzen kennen zu lernen und auch Neues dazu zu lernen, bisherige Begrenzungen zu überschreiten oder andere ungewohnte Wege zu gehen.

Auch unsere Schuldhaftigkeit und Unvollkommenheit wird uns gerade durch unsere Kinder immer wieder vor Augen geführt. Dies ist ein wichtiger Lernprozess im Leben.

Durch Kinder lernen wir auf einer tieferen Schicht als bisher, Verantwortung zu übernehmen. Die Verpflichtung eigenen Kindern gegenüber ist etwas anderes als Verantwortung in einem Beruf oder gegenüber Dingen. Kinder sind lebendig und wir prägen sie durch unser Sein und im Miteinander für ihr Leben. Das verpflichtet Mütter (bzw. Eltern) zu mehr Konsequenz und Klarheit – auch sich selbst gegenüber.

Durch Kinder lernen wir darum auch Geduld und Konfliktfähigkeit: immer wieder wickeln und füttern, immer wieder waschen und die Nase putzen, immer wieder klare Grenzen setzen und manchen Konflikt mit ihnen durchstehen.

Kinder fragen nach Werten, nach Grenzen und Einschätzungen. Dadurch gewinnen Eltern Sicherheit in Entscheidungen, im Ja- oder Nein-Sagen, in Zustimmung und Ablehnung.

Eltern werden gezwungen, konsequenter zu werden – einerseits den Kindern gegenüber, andererseits aber auch sich selbst gegenüber. Den eigenen Aussagen, Aufforderungen und Erwartungen gegenüber Kindern müssen Eltern selbst auch glauben und Gewicht geben. Dadurch findet eine Aufwertung des eigenen Selbstbewusstseins statt.

Zu einem Leben mit Kindern gehören Rituale, Gewohnheiten, immer wiederkehrende Abläufe. Das brauchen Kinder, um Sicherheit zu gewinnen. Sie fordern solche Rituale auch immer wieder ein. Selbst wenn Mütter (bzw. Eltern) möglicherweise erst ein- oder zweimal etwas in einer bestimmten Reihenfolge getan haben, melden Kinder zurück: »Das haben wir schon immer so gemacht.« Damit äußern sie auch ein Bedürfnis nach Wiederholung und Regelmäßigkeit. Solche Rituale im täglichen Ablauf, Wochenlauf und im Jahreskreis (wie z.B. Geburtstage, Ostern, Pfingsten, Advent und Weihnachten) bereichern das Leben von Kindern und Eltern gleichermaßen.

Als Mütter lernen wir auch das Lieben. Kein Mensch ist so, wie wir ihn uns wünschen würden. Lieben lernen, einander annehmen lernen ist darum gerade für Mütter (bzw. Eltern) eine Lebensherausforderung, die man am ehesten in einer Familie lernt. Dazu gehört auch, einander zu vergeben und um Vergebung zu bitten.

Im Rückblick auf die Kindheit lernen wir als Mütter und Eltern auch, dass Kinder sich nicht nach unseren Idealvorstellungen entwickeln, sondern oft genug ganz anders werden, als wir uns das anfänglich erdacht haben. Jedes Kind ist ein Original, das Gaben und Gene mitbringt und diese entfaltet und lebt, möglicherweise auch gegen unsere Wünsche und Vorstellungen.

Gottes Vorstellungen und Pläne für ein Kind können auch ganz andere sein als die mütterlichen oder väterlichen Wünsche für ein Kind.

Dies annehmen lernen, eigene Grenzen sehen und auch eigenes Versagen kennen lernen, ist ein wichtiger Lernprozess für Mütter bzw. Eltern.

»Geboren wird nicht nur das Kind durch die Mutter, sondern auch die Mutter durch das Kind« (Gertrud von le Fort). Durch Kinder lernen Frauen das Muttersein, durch Töchter lernen sie auch ihr Frausein nochmals zu reflektieren und zu verändern.

Je mehr eine Mutter eine positive Erinnerung an die eigene Kindheit hat oder gegebenenfalls ihre eigenen Konflikte der Kindheit verarbeitet hat, desto mehr kann sie all diese Prozesse zulassen, sich daran freuen und auch die Individualität jedes einzelnen Kindes fördern. Sie kann ihre Kinder an verantwortungsvolle Aufgaben heranführen, ihnen helfen, ihre Begabungen und ihr Können zu entdecken und dankbare und belastbare Menschen zu werden.

»... während der Pubertät«

Während der Pubertät wird vieles, was bisher gut gelungen schien, nochmals gründlich von den Kindern selbst in Frage gestellt.

Die Beziehung einer Mutter zu ihrer Tochter ist anders als die zu ihrem Sohn. Irgendwann wird die Tochter schon im Kindesalter im Gegenüber mit der Mutter erkennen: »*Wir sind gleich.*« Im Gegenüber zum Vater wird sie merken: »*Wir sind nicht gleich, sondern verschieden.*«

Eine Tochter wird zur Frau – so wie die Mutter.

Ein Sohn wird zum Mann – soll sich also von der weiblichen Art ablösen, soll sich dem Vater zuwenden und von ihm lernen.

Töchter und Söhne sind in der heißen Phase der Pubertät oft stark von ihren Emotionen hin- und hergerissen. Das hat natürlich auch hormonelle Gründe.

Die Pubertät der Töchter ist für Mütter die möglicherweise schwierigste Zeit in der Beziehung zum Kind. Als Mutter ist sie in dieser Zeit auf eine intensive Weise herausgefordert und hinterfragt.

Eine Mutter erzählte folgende Begebenheit: »Eine unserer Töchter schrieb im Alter von 13 Jahren nach einer Auseinandersetzung meinem Mann und mir einen Brief, in dem sie uns klar machte, dass wir als Eltern vollkommen versagt hätten. Wir seien die schlimmsten Eltern, die man sich vorstellen könne. Mein Mann und ich waren über diesen Brief sehr traurig, aber wir wussten auch, dass wir natürlich Fehler gemacht hatten und diese Kritik sicher in vielen Punkten auch berechtigt war. Eine Stunde später kam ein zweiter Brief dieser Tochter. Darin schrieb sie: Vergesst den ersten Brief. Es ist alles nicht wahr, was ich geschrieben habe. Ihr seid die besten Eltern der Welt und ich habe euch lieb.«

Dieses Beispiel macht etwas deutlich von der Stimmungslage von Töchtern in der Pubertät. Mit Negativ-Aussagen signalisieren Mädchen oft nur ihre Gefühlsschwankungen und die eigene Unsicherheit.

Töchter bringen ihre Kritik in der Pubertät auf den Punkt. Gerade die weibliche Gabe der Einfühlsamkeit und der Intuition befähigt Mädchen und Frauen auch in einer besonderen Weise, andere Menschen tief zu treffen und eine Mutter dadurch auch zu verletzen.

Vermutlich weint eine Mutter selten so oft wie in der heißen Phase der Pubertät. Die Pubertät der Kinder ist eine Demutsschule für die Eltern.

Viele Mädchen schämen sich in der Pubertät auch für ihre Mütter. Sie finden es peinlich, mit der Mutter zusammen gesehen zu werden – ob beim Einkaufen, im Kino oder bei irgendwelchen Veranstaltungen.

Diese Peinlichkeiten beziehen sich entweder auf das Aussehen der Mutter, auf ihre Aussagen im Beisein von Freundinnen oder auf ihr Verhalten.

Manche Mutter versucht auch, sich betont lässig oder jugendlich zu geben, wenn sie die Tochter mit deren Freunden trifft. Entweder im Verhalten oder mit der Kleidung versucht sie sich in unangemessener Weise anzugleichen und unterschwellig zu vermitteln: »Ich bin auch noch jung. Ich verstehe euch. Wir sind doch alle gleich.« Dies wirkt manchmal auch unangemessen und tatsächlich peinlich.

Auch Zärtlichkeiten vonseiten der Mutter in der Öffentlichkeit werden abgewehrt. Eine Mutter kann – wenn sie es nicht richtig einordnet – durch solches Verhalten auch tief verletzt werden.

Mut zum Widerstand

Gerade in diesem Alter brauchen Töchter und Söhne den Widerstand der Eltern, um zu Persönlichkeiten reifen zu können. Darum brauchen Mütter und Eltern in dieser Zeit einen sehr langen Atem:

- immer wieder bereit sein, den ersten Schritt zu machen;
- die Türen des Herzens nicht zuschlagen;
- nicht alles wörtlich nehmen;
- Vorwürfe nie als Bewertung der eigenen Person sehen, sondern als Hilferuf;
- Streit als eine mögliche Form, Nähe zu erleben und Interesse zu erhalten, erkennen.[4]

Wenn Eltern dabei eine rechthaberische Haltung einnehmen, kommt es schnell zur Konfrontation, spüren aber die Kinder, dass die Eltern es gut meinen und aus Interesse am Kind handeln, wird mancher Konflikt entschärft. Manchmal hilft es auch, nach einem Streit einander in die Arme zu nehmen und über den Streit zu lachen.

Im Geheimsten sehnt sich die Tochter – auch die

aufsässigste und schwierigste – nach Korrektur und Kritik, denn darin zeigt sich ja auch Interesse vonseiten der Mutter oder des Vaters.

Auch wenn die Tochter die Meinung der Mutter verbal komplett ablehnt, gibt sie doch heimlich der Mutter Recht und verwendet deren Argumente dann oft wieder im Gespräch mit Gleichaltrigen. Dies offen zuzugeben, ist aber zu schwierig, weil sonst der Mutter zu viel Macht und damit Kontrolle eingeräumt wird[5] und dann der Ablösungsprozess komplizierter und schwieriger wird, als er ohnehin schon ist.

Wichtig für die Mutter ist es, gerade in solchen Zeiten das Gespräch mit dem Ehepartner und mit anderen Müttern zu suchen und sich so gegenseitig Rat zu geben und Trost zu spenden.

Aber auch immer wieder das Gespräch mit den Töchtern zu suchen, ist enorm wichtig, denn Töchter erspüren zutiefst die Gefühle ihrer Mutter. Es gehört zu den weiblichen Grundausstattungen, mit Intuition die Gefühlslage und die Richtungen von Gedanken eines Menschen zu erkennen. Darum ist es gut, immer wieder auch die Gefühle zu thematisieren. Dies sollte jedoch so geschehen, dass ein Raum der Offenheit und Freiheit für die Tochter bleibt und ihr auch die Möglichkeit gegeben wird, eine andere Meinung zu äußern oder sich gegebenenfalls (in den späteren Jahren der Pubertät) auch gegen den Willen der Eltern für etwas zu entscheiden, was diese nicht gutheißen.

Mütter und Eltern können dann die Kinder oft nur noch an der »langen Leine des Gebetes« halten.

Je liebloser die Eltern in der Pubertät die Erziehung handhaben, desto eher besteht die Gefahr, dass ein Kind aus den Regeln der Eltern ausbricht. Oft rutscht es dann in Kreise ab, in denen es kurzfristig den Eindruck hat, Heimat zu finden, langfristig aber negativen Prägungen ausgesetzt ist.

Trotzdem ist Grenzen setzen nötig. Gerade hier ist der Vater oft ganz besonders wichtig für Töchter. Spürt eine Tochter, dass sie dem Vater nicht egal ist und dass der Vater sie vor negativen Erfahrungen und Einflüssen bewahren und beschützen will, gibt ihr das viel Selbstvertrauen und ein positives Selbstwertgefühl.

In der Pubertät müssen mit zunehmender Reife Grenzen natürlich auch weiter gezogen werden, muss Kontrolle weniger und Vertrauen mehr werden. Vor allem aber muss einem Kind immer wieder Wertschätzung und Vorschuss-Liebe gegeben werden.

Das meint:

- *Auch wenn mein Kind sich unmöglich verhält, mache ich als Mutter oder Vater den ersten Schritt auf das Kind zu.*
- *Auch wenn die Tochter mich sehr verletzt hat, zeige ich ihr, dass sie ein liebenswerter Mensch ist. Das kann ich oft nicht aus eigener Kraft, sondern nur, indem ich mich immer wieder von Gottes Liebe füllen lasse.*

Mütter haben in der Pubertät oft Angst um ihre Töchter.

Aus eigener Erfahrung wissen sie um die Gefährdungen gerade in der emotional so unsicheren und aufgewühlten Zeit. Die Sehnsucht alles auszuprobieren, sich von den verstaubten Ansichten der Eltern zu lösen und in eine ganz neue und andersartige Zukunft aufzubrechen, lässt Töchter oft sehr unvorsichtig und leichtsinnig handeln. Werden diese Ängste der Mutter in überfürsorglicher Weise thematisiert, hat dies oft aber genau die gegenteilige Wirkung: »Jetzt erst recht.«

In dieser Zeit das richtige Maß zwischen Freilassen und Binden zu finden, ist oft schwierig.

Loslassen beginnt bei Kleinigkeiten:

- Aufgaben selbstständig lösen lassen.
- Sich bei kreativen Versuchen nicht einmischen.
- Sich (spätestens ab der Pubertät) nicht mehr in die Zimmerordnung einmischen.
- Die Tochter einen eigenen Geschmack entwickeln lassen – auch bei der Kleidung.
- Aufgaben und Projekte selbstständig gestalten lassen, z.B. mal allein für die Familie kochen lassen, Reisen oder Besuche selbstständig planen lassen, Probleme weitgehend selbstständig lösen lassen.

Die Balance zwischen Schweigen und Reden zu finden, ist eine weitere Kunst, die Mütter oft in große Zerreißproben führen kann.

Sagt sie zu viel, zerstört sie den letzten Rest

von Vertrauen und gefährdet so die Beziehung zur Tochter. Sagt sie zu wenig, ist sie nicht echt und die Tochter spürt, dass die Mutter nicht ehrlich zu ihr ist. Auch das hat einen Rückzug auf beiden Seiten zur Folge.

Wenn die Beziehung von gegenseitiger Achtung und Würde getragen ist, wenn Argumente deutlich und vernünftig vorgetragen werden, sachlich miteinander geredet wird, wird es nur in sehr seltenen Fällen zu einer echten Provokation – egal von welcher Seite – kommen.

Zyklus und Menstruation

Die Einführung der Tochter in den Zyklus, die Erklärung der Menstruation, verschafft Müttern und Töchtern eine andere und intensivere Beziehung als Müttern und Söhnen.

Nur eine Frau kann einer anderen Frau richtig vermitteln, was es damit auf sich hat, was einen Zyklus bestimmt, wie er uns stimmungsmäßig beeinflusst und verändert, wie er dem Leben einen Rahmen und Rhythmus gibt.

Die Einstellung einer Frau zur Sexualität wird entscheidend von der Einstellung der Mutter zur eigenen Sexualität mitgeprägt. Es ist schön, wenn Mütter den Töchtern Sexualität als etwas Schönes und Wertvolles vermitteln können, als einen der größten Schätze und Geschenke Gottes für unser Leben.

An der Art, wie die Mutter auf diese Veränderungen reagiert, erkennt man auch, in welcher Atmosphäre sie selbst groß geworden ist.

Dies beeinflusst die sexuelle Identität der Tochter.

- Entweder negativ, so dass die Tochter Zyklus und Menstruation als Last und Entfremdung von ihrem Körper erfährt: etwas, das abgespalten, verdrängt und negativ definiert ist und darum immer auch als mühselig und schwierig erlebt wird.

- Oder als etwas Positives: Mit der Menstruation beginnt eine neue Epoche, die Tochter kann nun selbst schwanger werden, Leben weitergeben, ein Kind kann in ihrem Körper heranwachsen.

Es ist gut, schon in den späten Kindesjahren, also vor Beginn der Pubertät, dieses Thema anzuschneiden und immer wieder in Gesprächen mit einfließen zu lassen. Auf diese Weise ist die Tochter darauf vorbereitet, so dass sie nicht völlig überraschend vor der Tatsache der ersten Blutung steht und dann in Angst und Panik verfällt oder völlig hilflos oder verheimlichend reagiert.

Auch Gespräche über das Verhältnis zu Jungen sind entscheidend wichtig in der Pubertät. Der Körper hat für eine Frau einen anderen Stellenwert als für einen Mann. Für eine Frau ist er in einem weit größeren Maß schützenswert und identitätsstiftend, als das für einen Mann der Fall ist[6].

Dies Töchtern zu vermitteln, ist sehr wichtig und auch etwas Schönes: »Als Frauen müssen wir uns nicht billig verschenken. Etwas vom Kostbarsten, das wir Frauen haben, sollten wir nicht verschleudern oder in falscher Weise preisgeben.«

Wenn Mütter eine solche Grundeinstellung vermitteln, wird es nicht als Moralpredigt missverstanden, sondern weckt Vorfreude auf eine erfüllende Partnerschaft auch im Bereich der Sexualität.

Wenn die Eltern das selbst auch so leben, dann wirkt das mehr als 1000 Worte. Kinder spüren, ob Eltern auch im intimsten Zusammenleben eins sind und einander glücklich machen oder ob dieser Raum ein Raum der Verachtung oder gegenseitiger Missachtung ist.

Haben Frauen ein Problem mit ihrer Sexualität, dann wollen sie den Töchtern oft nicht mehr Freude und Erfüllung zugestehen, als sie selbst erlebt haben[7]. Darum ist es wichtig, auch die Einstellungen und eventuelle Negativ-Erfahrungen im Blick auf Sexualität vor Gott zu bringen und vor ihm zu klären und Verletzungen heilen zu lassen.

Mütter können in der Pubertät auch sehr eifersüchtig auf die eigene Tochter werden. Der Körper einer jungen Frau ist in der Regel schöner als der einer älteren Frau. Minderwertigkeitsgefühle, Konkurrenzgefühle, Neid und Eifersucht können in einer Mutter aufkeimen. Viele Märchen haben dies immer wieder zum Thema gemacht, so z.B. »Schneewittchen«, aber auch viele andere.[8]

Es ist gut, solche Gefühle nicht zu verdrängen, sondern sich ihnen zu stellen und sie genau anzuschauen.[9]

In der heranreifenden Frau erblickt die Mutter die junge Frau, die sie selbst einmal war. Dies führt zu einem Wettbewerb, der damit enden kann, dass sich die Mutter damit abfindet zu altern. Die Mutter wird irgendwann das Gefühl aufgeben, noch immer eine junge Frau zu sein.[10]

Andernfalls können solche Gefühle auch krankhafte bis hin zu kriminelle Formen annehmen, wie im Märchen von Schneewittchen, in dem die böse Stiefmutter dem jungen Mädchen den Tod wünscht oder ihn veranlassen will.

Wenn diese Prozesse mit den Wechseljahren zusammenfallen, wird es für eine Frau manchmal noch schwieriger, weil sie in doppelter Weise mit dem Alt- bzw. Älterwerden konfrontiert wird.

Je unzufriedener eine Mutter mit dem eigenen Leben ist, desto schwieriger wird es für sie, die Tochter loszulassen und freizugeben. Denn über die Tochter meint sie, immer noch den Anschluss an die junge Generation zu haben.

Ess-Störungen

Es ist wichtig, dass wir die Schönheitsideale, die uns in Werbung und Zeitschriften begegnen, gründlich hinterfragen:

»Unsere Kultur verehrt schlanke Oberschenkel, ein athletisches Aussehen – und Essen. Was für eine Kombination für ein junges Mädchen, fixiert auf sein Äußeres. Auf der einen Seite ist sie umgeben von einem gewaltigen Essens-Angebot, auf der anderen Seite wird sie von der Gesellschaft, von Werbung und Medien ständig mit der Diät-Botschaft bombardiert: Nimm ab, werde dünner, und du wirst glücklich sein.«[11]

Genau diese widersprüchlichen Botschaften haben schon viele junge Mädchen in eine Ess-

Störung getrieben. »Die meisten jungen Mädchen mit Ess-Störungen sind über eine Diät, von der sie gelesen haben oder die ihnen ihre Mutter oder eine Freundin empfohlen hat, zu ihrem selbstzerstörerischen Verhalten gekommen.«[12]

Ess-Störungen können auch aus mangelnder Selbstständigkeit resultieren. Wenn Töchter (oder Söhne) zu stark kontrolliert werden, bleibt die einzige Ebene, über die sie Kontrolle haben (können), die körperliche.

Einige Anzeichen für eine Ess-Störung sollen darum hier kurz genannt werden

Anzeichen für Magersucht:

- Plötzlicher Gewichtsverlust ohne ersichtlichen Grund wie z. B. Trauer oder Kummer oder eine Krankheit
- Ausbleiben der Periode
- Gedanken drehen sich häufig ums Essen
- Ausgefeilte Diätpläne
- und das Absolvieren von anstrengenden und ausgedehnten sportlichen Übungen
- Zubereiten von großen Menüs für die Familie ohne selber mitzuessen
- Zarter Haarflaum auf dem ganzen Körper und gleichzeitiger Ausfall des Kopfhaares
- Verlust von Interesse an vielen Aktivitäten
- Depressionen
- Extreme Unzufriedenheit mit dem eigenen Körper

Anzeichen für Bulimie (Ess-Brechsucht)

Bulimikerinnen haben ein großes Geschick darin, ihre Ess-Störungen zu verbergen. Viele Mütter merken davon monatelang nichts. Eine Bulimie zu entdecken ist darum wesentlich schwieriger, als eine Magersucht zu erkennen:

- Essen verschwindet in Mengen
- Essen wird in den Schränken versteckt oder gehortet
- Dauernd schwankendes Gewicht
- Verstärkter Kariesbefall

Darum ist eine gewisse Wachsamkeit gerade in dieser Zeit im Blick auf das Essverhalten der Tochter geboten.

Wir sollten als Mütter (und Väter) diesem Diktat unserer von Schlankheit besessenen Kultur – nicht zuletzt auch um unserer selbst willen – gründlich widersprechen. Es stimmt eben nicht, dass »dünn gleich glücklich« macht. Im Gegenteil: viele Frauen leiden unter permanentem Stress und Unzufriedenheit im Blick auf ihren Körper. Viele Frauen sind nicht wirklich zufrieden mit ihrem Körper, und seien sie noch so dünn.

Dabei brauchen Frauen einen gewissen Anteil an Körperfetten – zum einen für das hormonelle Gleichgewicht, zum anderen für das psychische Wohlbefinden.

Es ist wichtig zu wissen, dass gerade in der

Pubertät eine leichtes Übergewicht bei Mädchen normal ist.

Mütter können ihren Töchtern eine große Hilfe sein, wenn sie ihnen vermitteln, dass sie – egal ob dick oder dünn – geliebte und angenommene Menschen sind. Der Wert eines Lebens hängt nicht von der Kiloanzeige einer Waage ab.

Insgesamt gilt für die Zeit der Pubertät: Muster, die wir selbst in der Kindheit und Jugendzeit erfahren haben, werden weitergetragen. Wenn ich als Jugendliche mit meinen Bedürfnissen, auch mit meinen Gefühlen von Unsicherheit oder Wut, nicht ernst genommen wurde, dann habe ich als Mutter später Schwierigkeiten, mit meiner Tochter angemessen umzugehen und ihre Gefühle wahrzunehmen.

Doch ich bekomme eine neue Chance, im Erleben mit der Tochter eigene Erfahrungen aufzuarbeiten und mit ihr zusammen zu lernen,

- wie man es anders machen könnte;
- wie Gefühle ernst genommen werden;
- wie man sich unterhält, ohne Vertrauen zu zerstören;
- wie man einander vergibt und Türen des Herzens nicht zuschlägt;
- wie man sich neu füreinander öffnen und einander in neuer und anderer Weise verstehen kann;
- wie man einander Freiraum gewährt und die Andersartigkeit stehen lässt.

»… während der jungen Erwachsenenzeit«

Wenn eine Tochter Schritte in einen Beruf oder in eine Ehe hinein macht, kann es sein, dass die Mutter ihr eigenes Leben nochmals neu reflektiert[13]:

- *Welche Hoffnungen und Pläne hatte ich?*
- *Sind diese in Erfüllung gegangen?*
- *Welche Enttäuschungen und Begrenzungen habe ich erlebt und warum?*

Es ist eine Hilfe, wenn Mütter ihre Töchter und Töchter ihre Mutter als »Frau in Entwicklung«[14] sehen lernen, d. h. jeweils als eigenständige Frau, die auch unabhängig vom Muttersein Lebensziele und Lebensperspektiven hat.

Mütter und Töchter gehören unterschiedlichen Generationen an und haben darum unterschiedliche prägende Erfahrungen in der Kindheit und Jugend, im geschichtlichen und kulturellen Kontext erlebt, und in den familiären Gegebenheiten, wie z.B. die Geschwisterkonstellation, die Anzahl der Geschwister und nicht zuletzt die Generationen, die zusammenwohnen.

Wenn die Tochter erwachsen wird, wird sie sich möglicherweise auch ganz bewusst von manchen Einstellungen und Meinungen der eigenen

Mutter trennen und versuchen, anders oder sogar im Kontrast zur Mutter ihr Leben zu gestalten.

Die Einsicht, dass Töchter möglicherweise eine ganz andere Einstellung zum Leben haben als Mütter, kann schmerzlich und schwer sein, aber sie gehört zum Ablösungs- und Reifeprozess sowohl für die Mutter als auch für die Tochter dazu.

Was sich in der Pubertät andeutet und anbahnt, wird in der Erwachsenenzeit zu Ende ge-

führt: Die Tochter ist nicht mehr das hilflose Kind. Die Mutter ist nicht mehr die allmächtige und alles bestimmende Frau. Jede muss der anderen ein Recht auf Eigenständigkeit und Selbstverantwortung zugestehen.

»Liebe bedeutet, dass einem an der Sicherheit und Befriedigung der anderen Person fast ebenso viel liegt wie an der eigenen … Die wahrhaft liebende Mutter ist diejenige, deren Interesse und Glück darin bestehen, ihre Tochter als Person und nicht nur als Besitz zu sehen.«[15]

Die Mutter muss lernen, ihr Leben selbstständig und neu zu leben. Wenn Töchter erwachsen werden und aus dem Haus gehen, dann ist das ein tiefer Einschnitt für eine Frau. Das Leben muss neu definiert werden.

Die Lebensabläufe gestalten sich anders.

Viele Aufgaben, die zuvor stark von den Kindern und deren Pflichten und Hobbys bestimmt waren, fallen weg.

Für viele Mütter kann es zu einer echten Lebenskrise kommen, wenn die Kinder das Haus verlassen. Viele Mütter haben ihren ganzen Lebensinhalt in den Kindern gesehen, haben auch ihren Wert darin entdeckt, was sie für die Kinder und das gemeinsame Leben sind: Köchin, Raumgestalterin, Dekorateurin, Taxifahrerin, Näherin, Nachhilfelehrerin und psychologische Beraterin und vieles mehr – und sie haben es genossen, mit ihren Kindern zusammen das Leben gemeinsam zu gestalten – in schweren und schönen Tagen. Das gemeinsame Leben mit Kindern ist eine Bereicherung der eigenen Persönlichkeit und eine Erweiterung des Lebenskreises. Es bringt eben viel Schönes uns Interessantes mit sich und erweitert den eigenen Lebenshorizont.

Die Räume, die wir mit Kindern gestalten, werden auch zu eignen Lebensräumen, werden zu unserem Lebensinhalt.

Mit dem Auszug der Kinder fallen alle diese Bezüge und Aufgaben weg. Hohlräume und Leerläufe entstehen, die neu gefüllt werden müssen.

Kommunikationsräume brechen weg. Vieles, was oft an Humorvollem und Spielerischem zwischen Mutter und Tochter ablief, fehlt plötzlich und muss neu gesucht oder bewusst verabschiedet werden.

Genau das macht die Ablösungsphase oft so schwierig, denn mit dem Gehen der Kinder geht ein Teil dieser eigenen Lebensräume und Lebensinhalte verloren.

Eine Frau erlebte es so: »Als unsere Tochter ausgezogen war, war ich in den ersten Tagen sehr traurig und habe auch viel geweint. Die Kommunikation mit ihr hatte immer etwas Humorvolles und Spritziges. Wir haben uns gegenseitig immer aufgebaut. All das fehlte mir plötzlich so und hat es mir in den Tagen und Wochen danach schwer gemacht, diesen Verlust zu akzeptieren.«

Etwas, das uns Freude gemacht hat, müssen wir loslassen.

Kinder sind über Jahre ein wichtiger Teil des eigenen Lebens gewesen. In der Ablösungsphase – und hoffentlich auch schon vorher – lernen wir, dass sie nicht der wichtigste Teil sind, sondern dass diese Inhalte uns nur über einen gewissen Zeitraum begleiten. Darum ist es gut, diese Zeiten auch zu genießen, dann aber auch bewusst zu verabschieden.

Die Mutter verliert durch das Weggehen eines Kindes auch den unmittelbaren Kontakt zu der jüngeren Generation. Themen, Trends, Sprachveränderungen in der jüngeren Generation sind ihr nicht mehr so spontan zugänglich. Das Gefühl, zu den »Älteren« zu gehören, wird dadurch noch verstärkt.

Die Chance in dieser Lebensphase besteht darin, neue Möglichkeiten für sich, neue Aufgaben in Beruf, Hobby oder Ehrenamt zu entdecken und zu entfalten. Falls die Mutter verheiratet ist, ist dieser Lebensabschnitt auch für die Ehe der Mutter nochmals eine ganz neue Herausforderung, sich neu aufeinander einzulassen, die Chance der neuen Möglichkeiten miteinander zu nutzen, gemeinsame Reisen und Unternehmungen zu entdecken, sich an den neuen Freiheiten zu freuen.

Geschieht dies nicht, klammert sich eine Frau (oder auch ein Mann) unwillkürlich an ihre (seine) Kinder.

Viele Eltern lassen ihre Kinder eben deswegen nicht los, damit sie sich nicht in der Ehe miteinander beschäftigen müssen.

Jahrelang wurden eventuell Muster eingeübt, nur über die Kinder miteinander zu kommunizieren und nur die Kinder als gemeinsame Gesprächsthemen zu haben.

Der Umgang in der Ehe miteinander, gemeinsame Freuden und Frustrationen haben die Eltern vielleicht nie gewagt anzusprechen und sich deswegen auch entfremdet oder auseinander gelebt.

Darum sind die Ablösung einer Tochter, die mögliche Eheschließung und die Vorbereitung einer Hochzeit eine große Herausforderung und auch Chance für die Ehe der Eltern.

Schwiegereltern zu werden, Schwiegermutter zu sein ist nochmals ein neuer Lernprozess:

- *Wie bin ich Gegenüber, ohne mich in falscher Weise einzumischen – mit Kritik, ungefragtem Rat, Widerspruch oder gar Ablehnung des Ehepartners der Tochter?*

Einen Schwiegersohn zu bekommen erweitert das Familienleben. Es bedarf aber auch der Bereitschaft von seiten der Eltern, die Familie zu öffnen, Familiengewohnheiten und Gepflogenheiten mit neuen Menschen zu teilen und die Tochter in eine neue verbindliche Gemeinschaft mit einem anderen Mann loszulassen.

Eine Mutter fragt sich in solch einer neuen Phase auch:

- *Habe ich meiner Tochter alles Wichtige beigebracht?*
- *Ist sie vorbereitet zur Selbstständigkeit?*
- *Kann sie eine Ehe führen?*
- *Kann sie irgendwann eine gute Mutter sein?*

Eine ältere Frau erzählte: »Auch wenn ich meine Kinder noch so sehr auf das Erwachsensein und Selbstständigwerden vorbereitet habe, haben sie doch Fehler gemacht. Aber genau daraus haben sie am meisten gelernt. Diese Erfahrung hat mir geholfen, mich mit meiner Lebenserfahrung zurückzuhalten und mich nicht so sehr einzumischen. Nur wenn die Kindern mich bewusst um Rat gefragt haben, habe ich meine Meinung und mein Wissen weitergegeben.«

Auch im Blick auf erwachsene Töchter haben Mütter oft viel Angst. Trotz aller Ablösung ist die eigene Tochter immer auch ein Stück des eigenen Lebens. Bis in die Träume hinein werden Mütter oft von sorgenvollen Gedanken belastet und verfolgt.

Wird die eigene Tochter schwanger und selbst wieder Mutter, ist dies auch eine aufregende, aufwühlende und spannende Zeit für eine Mutter. Nun entsteht eine neue Generation.

Dieses Kind, dem sie das Leben geschenkt hat, setzt nun wieder Leben fort und übernimmt Verantwortung für die nächste Generation.

Mütter wissen, was es bedeutet, eine Geburt zu erleben und können sich in ihre Töchter in gewisser Weise dann auch sehr gut hineinversetzen.

Sie machen sich aber oft auch viele, manchmal übertriebene Sorgen aus den eigenen Lebenserfahrungen heraus.

Loslassen als Mutter heißt hier auch vertrauen zu lernen: Für die Kinder und Enkel beten und darum wissen, dass Gott unser Leben hält und dass er auch in schweren Zeiten bei uns ist.

Oft müssen Mütter sich sehr weit zurücknehmen. Manche Kinder akzeptieren über gewisse Zeiträume hinweg keinerlei Rat oder Nachfrage oder verschweigen der Mutter auch manches Ereignis. Gerade in solchen Ablösungsprozessen der Tochter kann eine Mutter dann oft nichts anderes tun als für ihre Kinder zu beten und darauf zu warten, dass sich die Beziehung irgendwann so verändert, dass auch wieder Gespräche und Austausch, Vertrauen auf beiden Seiten möglich wird.

»... während der gereiften Zeit«

So schmerzlich manche Prozesse der Pubertät und eventuell auch noch der jungen Erwachsenenzeit auch sein mögen, wenn sie wirklich durchgestanden werden, kann dies zu einer wirklich freundschaftlichen Mutter-Tochter-Beziehung führen.

Es ist gut, wenn eine Mutter das Gespräch mit der Tochter auch über Vergangenes sucht. Je echter und ehrlicher miteinander über Schönes und Spannendes, aber auch über Verletzungen, die Töchter und Mütter sich gegenseitig zugefügt haben, gesprochen wird, desto eher kann zwischen Mutter und Tochter etwas Neues entstehen und wachsen.

»Wir haben miteinander geweint und gelacht – und dann haben wir einander auch von Herzen vergeben können und uns unter Tränen umarmt.« So berichtete eine Mutter nach einer Aussprache mit ihrer Tochter.

Nach solchen Erfahrungen können Vorwürfe und falsche Abgrenzungen aufhören und beide können sich in ihrer Beziehung zueinander und unabhängig voneinander weiterentwickeln. Sie können einander in neuer Weise wertschätzen und voneinander profitieren:

- von den jeweiligen Erfahrungen der anderen zu lernen;
- sich miteinander in einem größeren Zusammenhang zu sehen, familiär, geschichtlich und kulturell;
- sich an der Andersartigkeit des Lebens der Mutter bzw. Tochter zu freuen;
- Gaben, Aufgaben und Berufungen Gottes im Leben der anderen sehen und schätzen.

Teil 2

Kapitel 4

Zeichen ungeklärter Beziehungen

Um zu einer geklärten Beziehung zu finden, ist es wichtig, die Stolpersteine oder Hindernisse zu kennen, die Töchter oder Mütter in unreifem Verhalten festhalten.

Darum zunächst 7 Hinweise für Töchter, wie und woran man bei sich erkennen kann, dass die Beziehung zur Mutter nicht geklärt ist.

All die folgenden Hinweise können in gleicher Weise natürlich auch für eine Beziehung Tochter-Vater, Sohn-Mutter und Sohn-Vater gelten.

Zeichen für eine nicht gelungene Ablösung der Tochter

1. Ich bin immer noch »Kind«

Es gibt Frauen, die ihr Leben lang »Kind« bleiben und ihren Alltag so gestalten, als stünde die Mutter bei allem Tun, Denken und Entscheiden beurteilend oder kontrollierend hinter oder neben ihnen.

Zwei Beispiele dazu:

1. In meinen Entscheidungen bin ich an die Meinung oder an das Urteil meiner Mutter gebunden. Ich organisiere mein Leben so, wie es Mutter tun würde. Dauernd habe ich Sätze oder Urteile im Kopf, die von meiner Mutter stammen:

- *Tu dies, tu das nicht.*
- *Du Dummerchen … du Tollpatsch …*
- *Wusste ich's doch, dass du das nicht kannst.*

2. Ich fühle mich immer von meiner Mutter kontrolliert.
Bevor sie zu Besuch kommt, bin ich schrecklich nervös und muss noch ganz viel aufräumen und putzen. Ich sehe wieder alles mit ihren Augen und versuche, ihr alles recht zu machen, denn ich bin doch ein braves Kind: »Mutter, du musst mich doch gut finden,

wenn ich so ordentlich bin, so gut koche, so geschmackvoll alles eingerichtet habe ...«

Heimliche Erwartungen, unausgesprochene Formulierungen und Gedanken, die Menschen in ihrem Alltag antreiben, können oft auf Aussprüche der Mutter zurückgeführt werden. Die Erwartungen der Mutter werden von der Tochter unbewusst übernommen:

- Sei die Beste, sei ordentlich, pünktlich, perfekt.
- Wenn sonst niemand hilft, bricht alles zusammen.
- Sei immer ganz für andere da.
- Vertraue niemandem.
- Mach etwas Großartiges aus deinem Leben.

Wenn wir all dies nur tun, um heimlich der Mutter zu genügen oder zu gefallen, setzen wir uns damit permanent unter einen falschen inneren Druck.

Als Frau zu meinen, der eigenen Mutter nicht zu genügen, heißt in der letzten Konsequenz immer, auch sich selbst nicht zu genügen.

Es ist darum wichtig, sich mit den Zielen und Erwartungen, die unser Leben bestimmen, auseinander zu setzen.

- Woher kommen die Ziele meines Lebens?

- Werden diese Ziele meinen Begabungen und meinen Wünschen gerecht?
- Wo sind meine Grenzen?
- Von welchen zu hohen Anforderungen möchte ich wegkommen und was wären die ersten Schritte auf diesem Weg?
- Wo werde ich von ungestillten Sehnsüchten nach Liebe und Anerkennung durch die Mutter getrieben?

In einer geklärten Beziehung kann eine Tochter aus Freiheit etwas tun, *obwohl* die Mutter es genauso getan hätte und sie kann aus Freiheit – und nicht aus Wut heraus – etwas genau anders machen, als die Mutter es getan hat.

2. Ärger über Ähnlichkeiten

Gewisse Ähnlichkeiten kommen bei Müttern und Töchtern häufig vor:

- Die Tochter spricht ähnlich wie die Mutter – in Wortwahl und Tonfall, Grammatik und Satzbau.
- Mimik und Gestik können ähnlich sein.
- Lebenseinstellungen oder Schlussfolgerungen wurden übernommen.
- Die Art und Weise, wie der Haushalt organisiert wird, und gewisse Alltagsabläufe gleichen denen der Mutter.
- Geschmack und Stil in der Einrichtung oder in der Kleiderwahl.

- Die Haltung anderen Menschen gegenüber: z. B. unterwürfig oder aufmüpfig, andere schlecht machend oder in Achtung über sie redend, anderen gegenüber immer freundlich oder unfreundlich, wurden von der Mutter gelernt.
- Die Haltung sich selbst gegenüber: Sich selbst gut oder schlecht finden, sich hilflos oder mutig fühlen, voller Schuldgefühle sein oder sich als wertvoll einschätzen.

Eine gewisse Prägung durch die Mutter und eine Vererbung bestimmter Verhaltensweisen, Neigungen und äußerer Ähnlichkeiten sind nicht zu vermeiden.

Natürlich will niemand eine Kopie eines anderen Menschen sein. Jeder will eine eigene Identität finden und leben.

Wenn ich die Ablösung von meiner Mutter nicht vollzogen habe, dann wehre ich mich gegen diese Ähnlichkeiten:

- *Ich versuche vielleicht, etwas genau anders zu machen als meine Mutter.*
- *Ich vermeide Dinge, die mich an das Verhalten meiner Mutter erinnern würden.*
- *Ich ziehe bewusst andere Farben an, wähle bewusst einen anderen Stil.*
- *Ich bin extra schlampig oder extra ordentlich, nur damit ich nicht mit meiner Mutter verglichen werden kann.*

Dabei übersehe ich dann, dass möglicherweise genau das, wogegen ich mich wehre, zu mir passen würde.

Solche Abgrenzungen sind Zeichen von innerer Abhängigkeit.

Damit enge ich mich selbst in meinem Leben ein, weil ich bestimmte Dinge von vornherein ausschließen muss, weil ich sonst meiner Mutter zu ähnlich bin.

Auf diese Weise kann ich aber z. B. auch das Reden Gottes in meinem Leben möglicherweise nicht hören, weil ich innerlich zu abhängig von meiner Mutter bin und in der permanenten Abgrenzung von ihr nicht zu einem eigenen Lebensstil finden kann.

3. Unfähigkeit, sich abzugrenzen

Ich kann meiner Mutter gegenüber nicht Nein sagen.

Ich muss ihr jeden Wunsch und jede Bitte erfüllen und werde dadurch in der Entfaltung meines eigenen Lebens blockiert.

Es kann auch sein, dass ich meine Mutter zum Idol erhebe und, ähnlich wie ein kleines Kind, überhaupt nichts Negatives über sie hören will oder in Gedanken zulassen kann.

Eine solche Verschmelzung mit den Wünschen der Mutter erlebt eine Tochter möglicherweise nicht in einer negativen Haltung der Mutter gegenüber. Eine Tochter kann es auch als sehr positiv empfinden, immer mit der Mutter einig zu sein.

Dies kann sich wie folgt äußern: Wenn die Tochter etwas zu entscheiden hat, fragt sie erst die Mutter um Rat. Sie telefoniert täglich mit ihr und erzählt ihr alles. So wird die Mutter (und die Tochter) zum jeweiligen Partnerersatz.

Töchter – vor allem Töchter, die in der Geschwisterfolge die Ersten sind – haben eine feine Antenne in sich, die ihnen genau signalisiert, was »Mutter« jetzt will oder erwartet.

Wenn ich mich so verhalte, bin ich innerlich nicht abgelöst und nicht frei zu einem selbst verantworteten Leben vor Gott.

Möglicherweise versuche ich auf diese Weise, immer die Liebe zu bekommen, die mir gefehlt hat.

Dieses Muster übernehme ich dann oft auch anderen Menschen gegenüber:

- *Ich tue immer, was von mir erwartet wird.*
- *Das habe ich so gelernt – so geht das Leben: andere sagen mir, was ich zu tun habe und ich reagiere darauf und werde dafür geliebt und bin dafür geachtet.*

4. Schuldgefühle gegenüber der Mutter

Schuldgefühle können sich auf vielerlei Bereiche des alltäglichen Verhaltens beziehen:

- *Weil ich nicht angerufen habe;*
- *weil ich sie nicht besucht habe;*
- *weil ich ihr eine Bitte abgeschlagen habe;*
- *weil ich ihr nicht geschrieben habe;*
- *weil ich nicht mir ihr verreist bin;*
- *weil ich sie nicht zu Weihnachten eingeladen habe;*
- *weil ich ihren Rat nicht befolgt habe;*
- *weil ich anders denke, als sie will;*
- *weil ich etwas anders mache, als sie es mir beigebracht hat.*

Wenn eine Tochter den Mut hat, sich abzugrenzen, dann kann sozusagen durch die Hintertür der Schuldgefühle eine neue Abhängigkeit entstehen.

- *Ich bin stolz, dass ich es endlich geschafft habe, meiner Mutter ein »Nein« zu geben, dass es mir gelungen ist, mich abzugrenzen und ihre Erwartungen nicht zu erfüllen, aber im nächsten Moment fühle ich mich schlecht und schuldig.*

Leah Schaefer schreibt, nachdem sie ihrer Mutter verweigert hatte, nach der Geburt ihrer Tochter für immer bei ihr zu wohnen: »Ich fühlte mich ganz elend. … nachdem sie abgereist war, ging mir dauernd ein Wort durch den Kopf: *gemein*!«[1] Aber genau durch diese klare Haltung der Tochter fand die Mutter zu einem eigenständigen und zufriedenen Leben. Doch zunächst war dieses Schuldgefühl vorherrschend.

Schuldgefühle können auch noch eine Schicht tiefer liegen, sich nicht nur auf gegenwärtiges Verhalten beziehen, sondern auf das Dasein als Tochter ganz allgemein:

- *Ich bin schuld daran, dass meine Mutter nicht das leben konnte, was sie gerne getan hätte. Ich habe der Mutter die Karriere oder die Zukunft verbaut. Ich war immer im Weg. Ich war ein Hindernis auf dem Weg, den die Mutter gerne gegangen wäre.*

- *Ich bin zutiefst gebunden an die Erwartungen, die meine Mutter an das Leben hatte und die sie nicht verwirklichen konnte. Ich fühle mich dazu bestimmt, das zu leben, was der Mutter verwehrt blieb.*

Viele Töchter fühlen sich verantwortlich für die Misserfolge und Enttäuschungen ihrer Mütter und möchten ihr – bewusst oder unbewusst – helfen, damit fertig zu werden. Manches, was wir als Töchter im Leben verwirklichen, sind geheime Aufträge, die uns von der Mutter, von den Eltern mitgegeben wurden.

Eine Mutter sagte: »Ich habe fünf Töchter und jede von ihnen lebt heute etwas, was ich als Defizit im eigenen Lebens erlebt habe und auch gerne gelebt hätte.«

Solche inneren Lebens-Aufträge sind nicht grundsätzlich schlecht, problematisch werden sie nur, wenn eine Tochter sich durch die Verwirklichung dieser Aufträge verantwortlich fühlt für das Glück der Mutter und ihr Leben so gestaltet, dass die Mutter zufrieden ist, ohne zu hinterfragen, ob es zum eigenen Leben passt und ob es vor Gott richtig ist.

5. Scham im Blick auf die Mutter

Scham kann ein weiteres bindendes Gefühl in den Beziehungen zur Mutter (oder Tochter) sein.

Es kann auch sein, dass die Mutter ein Verhalten an den Tag legt, das ich nicht akzeptiere. Meine Einstellung gegenüber der Mutter übertrage ich dann auch auf andere Menschen und habe Angst, zu sehr mit meiner Mutter, ihrem Verhalten, ihrer Meinung, ihrem Stil gleichgesetzt zu werden.

Folgende Gedanken sind ein Hinweis darauf:

- *Meine Mutter könnte ein schlechtes Licht auf mich werfen.*
- *Es ist mir peinlich, mit meiner Mutter zusammen irgendwo in der Öffentlichkeit zu sein.*
- *Ich habe Angst, dass sie mich blamiert.*
- *Ich habe Angst, dass alle mich mit meiner Mutter identifizieren und in Zukunft schlecht von mir denken.*

Scham im Blick auf die Mutter kommt häufig dann vor, wenn die Mutter in Kleidung oder Verhalten einen anderen Stil hat oder einer anderen Gesellschafts- oder Bildungsschicht angehört.

Weitere Gründe für Peinlichkeiten kann auch

ungepflegtes Verhalten sein, psychische Krankheit, überschäumendes Temperament, dauernde Einmischung in Angelegenheiten fremder Menschen.

Wenn ich zu einer geklärten Beziehung zu meiner Mutter gefunden habe, dann stehe ich zu ihr als meiner Mutter und habe gleichzeitig keine Angst, dass mein Leben durch sie und ihr Verhalten geschädigt werden könnte. Ich sehe sowohl sie als auch mich als eigenständigen und unabhängigen Menschen.

6. Hotel Mama

Viele junge Menschen haben sich heute an das »Hotel Mama« gewöhnt und genießen die Vorzüge und lernen darum nie ein eigenständiges Leben.

- *Ich habe mich so an die Bequemlichkeiten durch mein Elternhaus gewöhnt, dass ich darauf nicht verzichten will.*
- *Am Wochenende wäscht mir die Mutter die Wäsche. Wenn ich nach Hause komme, bekomme ich mein Lieblingsessen.*
- *Ich bekomme die Kinogutscheine immer von meiner Mutter.*
- *Wenn ich zu Hause wohne, dann muss ich nicht putzen und einkaufen.*

Kinder im »Hotel Mama« bleiben auf diese Weise immer Kind – die Mutter hat weiter ihren Sinn, ihren Lebensinhalt in der Versorgung des Kindes und das Kind bleibt abhängig und damit auch kindlich oder sogar kindisch – auf jeden Fall unselbstständig. Wenn Kinder mit 30 Jahren noch zu Hause wohnen, haben sie die Ablösung in aller Regel nicht geschafft und sind darum auch in ihrer Persönlichkeitsentwicklung blockiert.

So können sie auch die Gaben, Aufgaben und die Verantwortung nicht entdecken, die Gott in ihr Leben legen möchte.

Es gibt auch Kinder, die in einer eigenen Wohnung im Haus der Eltern wohnen und sich selbstständig versorgen. Die Abgrenzung ist aber in solch einem Fall immer schwieriger, als wenn die Kinder ganz von zu Hause weggezogen sind. Denn die Mutter oder Eltern sind räumlich näher, können mehr an Mithilfe erwarten, wünschen sich, dass die Kinder Rechenschaft über ihre Termine, Einkäufe, Freundschaften oder Verpflichtungen ablegen. Zu all diesen Situationen haben die Eltern wesentlich weniger Zugang bei einer weiteren räumlichen Distanz.

Vor allem für junge Ehepaare ist es wichtig, wenn sie im Haus der Eltern wohnen, dass die neuen Rollen klar definiert sind:

- Ich bin nicht mehr Kind.
- Ihr habt mir nichts mehr vorzuschreiben.
- Ich gehe beim Nachhausekommen zuerst in die eigene Wohnung.
- Unsere Wohnung hat ein eigenes Schloss und die Eltern müssen klingeln, wenn sie uns sprechen wollen.
- Wir haben eine eigene Telefonnummer etc.

7. Ständiger innerer Kampf gegen die Mutter

Wer in einem ständigen inneren Kampf mit der Mutter (oder den Eltern) steht, lebt auf einem Vulkan, der jederzeit auch an anderen Stellen ausbrechen und großen Schaden anrichten kann.

Folgende Gedankengänge und Gefühlszustände sind Alarmzeichen, die wir beachten sollten und die deutlich machen, dass in dieser Beziehung etwas gelöst und geklärt werden muss.

- *Der Gedanke an die Mutter löst Aggressionen in mir aus, Gespräche mit ihr machen mich wütend. Nach Begegnungen mit ihr bin ich auf 180.*

- *Ich habe mit meiner Mutter total gebrochen und will sie nicht mehr sehen.*

- *Seit Jahren habe ich keinen Kontakt mehr mit meiner Mutter und will auch in Zukunft nichts von ihr wissen.*

Hass bindet einen Menschen. Wer hasst, ist nicht gelöst von einer Sache, sondern in negativer Weise zutiefst verwickelt, abhängig und damit auch unfrei, sein Leben so zu leben, wie Gott es gedacht hat.

Eine solche Haltung der Abgrenzung gegen die Mutter (Eltern) wirkt sich dann auch im weiteren Leben aus:

- *Ich grenze mich nicht nur gegen die Eltern ab, sondern gegen alle Autoritäten.*
- *Ich habe ein Problem mit Vorgesetzten, mit Führungspersönlichkeiten.*
- *Ich muss einen Kindkomplex, also nicht gelöste Probleme der Kindheit oder die nicht gelöste Ablösung von den Eltern, auf andere übertragen und werde dadurch ein rebellischer, unangenehmer Mitmensch.*
- *Ich heirate, um mich endlich gegen die Mutter abzugrenzen oder mich von den Eltern abzusetzen.*

Dies ist ein Missbrauch der Ehe und des Ehepartners. Ehe wird dadurch Mittel zum Zweck und ist mit dieser Hypothek schwer belastet.

Unsere Beziehung zur Mutter (und zu den Eltern) wirkt sich also nicht nur unmittelbar in dieser Beziehung aus, sondern insgesamt in unserer Lebensgestaltung – in der Beziehung zu anderen Menschen – und sie setzt sich nicht zuletzt auch in der Beziehung zu den eigenen Kindern wieder fort.

Ungeklärte Haltungen vonseiten der Mutter

So wie es Zeichen einer nicht geklärten Beziehung zur Mutter gibt, gibt es ebenso Hinweise auf Ungeklärtes oder Ungelöstes in der Beziehung zur Tochter.

Auch hier gilt, dass solches Verhalten natürlich auch gegenüber einem Sohn oder vonseiten eines Vaters gegenüber seinen Kindern an den Tag gelegt werden kann.

1. Schuldgefühle gegenüber der Tochter

Viele Mütter plagen sich mit Schuldgefühlen ihren Töchtern gegenüber.
Sie meinen im Rückblick, sie hätten

- zu wenig geliebt,
- zu viel verweigert,
- zu wenig Zeit investiert,
- die Erziehung zu wenig reflektiert.

Mütter fühlen sich oft auch schuldig, der Tochter kein besseres Leben bieten zu können: kein besseres Umfeld, keine bessere Ausbildung, keine bessere Zukunft.

Solche Schuldgefühle können zu massiven Belastungen werden, wenn

- die Tochter in der Schule versagt,
- in einer Beziehung Pech hat,
- mit ihrer Ausbildung scheitert,
- in der Ehe Probleme hat,
- unzufrieden mit ihrem Leben ist,

- in der Erziehung Probleme hat,
- in eine Sucht oder Ess-Störung hineinrutscht,
- psychische Probleme hat.

Schuldgefühle sind ein schlechter Ratgeber in der Erziehung und ein schlechter Lebensbegleiter, weil sie innerlich blockieren und gegenüber den Kindern zu ständigen Wiedergutmachungsversuchen verleiten: Vieles tun Mütter dann nur, weil sie ein schlechtes Gewissen haben und nicht, weil es für das Kind richtig wäre.

Schuldgefühle der Mutter machen diese manipulierbar.

Die Kinder spüren die Unsicherheit und können von der Mutter, die ein schlechtes Gewissen hat, alles Mögliche fordern. Am Ende tanzen die Kinder der Mutter auf der Nase herum.

Oft getraut sich eine Mutter auch nicht, in Freiheit für sich etwas zu tun. Ihre Schuldgefühle hindern sie daran.

Sie hat ein schlechtes Gewissen, wenn sie sich etwas Gutes gönnt. Darum ist es oft »leichter« für eine Mutter, sich für unentbehrlich zu halten. Sie muss sich nicht mit dem Trennungsschmerz oder neuen Freiheiten und Aufgaben auseinander setzen. Die Kinder bleiben unselbstständig, alles bleibt beim Alten, die Verantwortlichkeiten bleiben bei der Mutter.

Wenn Kinder erwachsen sind und Mütter immer noch von ihren Schuldgefühlen beherrscht werden, dann versuchen sie das häufig mit unangemessen teuren oder vielen Geschenken auszugleichen. Kinder und Enkel werden mit angeblichen »Liebesgaben« überschüttet. Damit versucht die Mutter sich einzureden: *Ich bin doch keine so schlechte Mutter. Meine Kinder und Enkel müssen mich doch mögen.*

Als Mütter machen wir Fehler, aber wir dürfen nicht an die Schuldgefühle gebunden bleiben, sondern dürfen wissen, dass es Wege in neue Freiheiten gibt: aus der Vergebung Gottes leben können und darum auch die eigenen Kinder um Vergebung bitten können, Vergangenes loslassen lernen.

2. Wut auf und Aggression gegen die Tochter

Eine Mutter kann sehr wütend auf ihre Tochter sein, weil

- diese so anstrengend ist,
- diese so frech oder unverschämt ist,
- sie rücksichtslos oder lieblos ist,
- sie nachlässig gegenüber der Mutter ist,
- sie nicht sieht und nicht achtet, was die Mutter ihr gegeben und in sie investiert hat.
- Wenn die Tochter beschließt auszuziehen.

Häufig entsteht diese Wut auch aus Scham:

- Wenn die Tochter sich ungezogen verhält und alle Blicke auf der Mutter ruhen, weil sie ja »dieses Kind so erzogen hat«.
- Wenn Kinder Schimpfwörter gebrauchen und damit auf die Eltern ein schlechtes Licht werfen.
- Wenn die Tochter sich in der Pubertät ihre Haare grün oder violett färbt oder sich wie ein Flittchen oder Punk anzieht.
- Wenn sie sich unangemessen verhält und alle hinter vorgehaltener Hand tuscheln (zumindest in der Einbildung der Mutter).
- Wenn die Tochter sich als Erwachsene so unkonventionell verhält, dass andere sich an ihr stören und ärgern.

Bei erwachsenen Kindern können Mütter oft sehr wütend werden, wenn die Kinder nicht so auf ihre Wünsche eingehen, wie sie sich das wünschen oder vorstellen.

Kommt sie z. B. zu Besuch und die Kinder planen etwas nicht so, wie die Mutter es will oder sie widersprechen der Mutter, kann es sein, dass sie beleidigt ist, schmollt und verärgert wieder nach Hause fährt.

Extreme Wutausbrüche und auch Aggressionen haben häufig ihre Ursache in nicht gelösten Kindheitskonflikten (wie in Kapitel 3 beschrieben) und sollten darum unbedingt aufgearbeitet werden.

3. Neid auf die Tochter

Eine Mutter kann Neid auf die Tochter entwickeln:

- im Blick auf deren Figur und Körper,
- auf das Aussehen und Verhalten.

Dies kann so weit gehen, dass eine Mutter ihrer Tochter Eitelkeit vorwirft oder verächtlich auf sie herunterschaut.

Solches Verhalten einer Mutter offenbart die eigene Unsicherheit, eine negative Einstellung zum eigenen Körper und zum eigenen Aussehen.

Der Neid auf die Tochter kann sich auch auf andere Dinge beziehen:

- Neid auf die Freiheiten, die sich die Tochter nehmen kann im Vergleich zu den Möglichkeiten der Mutter, als diese selbst jung war.
- Neid auf die Freundschaft oder Ehe, das junge Glück, wenn die Tochter verliebt ist oder heiratet.
- Neid auf ihren Umgang mit den Kindern.
- Neid auf die besser gelingende Erziehung.
- Neid auf die besseren Lebensbedingungen, unter denen die Tochter groß wird.
- Neid auf den unkomplizierteren Charakter oder die einfachere Lebensgestaltung.

Auch hier hilft nur, wenn die Mutter zu einer neuen Definition ihres Lebens findet und lernt, auch das weniger Gelungene aus Gottes Hand anzunehmen und es als Weg Gottes mit ihr sehen lernt.

Sich mit anderen Menschen zu freuen, Dankbarkeit für das eigene Leben und für das Gute, das andere im Leben empfangen haben, ist der beste Weg, um von Neid frei zu werden.

4. Schuldzuweisungen und Selbstmitleid

Manche Mütter haben Mühe zu akzeptieren, wenn Töchter eigene und neue Wege gehen.

Es kann sein, dass die Tochter Dinge ganz anders macht, als sie es für richtig hält und dass ihre Ratschläge nicht akzeptiert oder sogar zurückgewiesen werden.

Es kann sein, dass die Mutter auch von manchen Familien-Erlebnissen der Tochterfamilie oder von Informationen bewusst ausgeschlossen wird. Es kann sein, dass der Mutter manches von der eigenen Tochter (und dem Schwiegersohn) verwehrt oder verboten wird.

Dies zu akzeptieren, ist nicht immer leicht.

Manche Frauen verfallen dann in Selbstmitleid und geben ihrer Tochter die Schuld an ihrer Einsamkeit oder Traurigkeit.

Auch Schmollen ist eine Form, anderen zu zeigen, dass mir angeblich Unrecht getan wurde. Im Schmollen oder Schweigen stelle ich mich selbst als die »Bessere« dar. Die anderen sind schuld daran, wenn es mir schlecht geht.

Selbstmitleid kann auch in Sarkasmus münden.

Sarkasmus ist eine Form des passiv-aggressiven Verhaltens. Andere Menschen werden in einem vermeintlich lustigen Ton und mit Witz heruntergemacht. Wir schützen mit angeblichem Humor unser verletztes Ich.

Auch Nörgeln ist eine Art der Schuldzuweisung. »Ich bin besser, habe etwas auszusetzen, grenze mich ab, stelle den anderen ins Abseits … Ich weiß genau, wie es richtig wäre. Die anderen sind schuld.«

Wer dauernd viel zu kritisieren hat, leidet oft unter einem Minderwertigkeitskomplex, unter einem niedrigen Selbstwertgefühl und lässt das dann in Form von versteckter Aggression und Nörgeln an anderen aus.

Das alles sind Verhaltensweisen, die für das Miteinander schädlich sind und die unsere Beziehungen unnütz belasten.

5. Übermäßige Sorge und Bemutterung

Dass Mütter sich sorgen und in Fürsorge gegenüber ihren Kindern ihre Bestimmung sehen, ist zunächst ganz normal.

Das Ziel der Erziehung und Begleitung von Kindern ist aber, dass diese immer mehr zur Verantwortung und Selbstständigkeit fähig werden.

Darum ist es wichtig, dass Mütter darauf achten, dass sie im Kindesalter nicht durch übergroße Ängstlichkeit die Neugier der Kinder hemmen und ihnen den Mut nehmen, etwas Neues auszuprobieren.

»Oft beschützen Mütter ihre Kinder gegen Ängste, die in ihrer eigenen Kindheit wurzeln.«[2] So kann ein Kind keine eigene Individualität entwickeln. Bertrand Cramer beschreibt in drei Fallbeispielen solches Verhalten:

Eine Mutter hatte z. B. als Kind immer Angst vor Einsamkeit und Langeweile und versuchte darum, das Leben der Tochter immer sehr abwechslungsreich zu gestalten. Die Tochter aber hatte ganz andere Bedürfnisse und war mit dem Vielerlei an Angebot überfordert und unglücklich. Bertrand Cramer resümiert daraus: Erst wenn das Kind von den Projektionen der Mutter befreit wird, können Mütter und Eltern ihr Kind mit neuen Augen sehen lernen. »Die Entdeckung des Anders-Sein (des Kindes) ist wesentlich in der Entwicklung jeder Eltern-Kind-Beziehung. Sie ist Voraussetzung dafür, dass das Kind in seiner Individualität geachtet und schrittweise zur Autonomie geführt wird.«[3]

Bei erwachsenen Töchtern kann übermäßiges Sorgen zur Folge haben, dass die Mutter wieder die Mutter-Rolle einnimmt, sobald sie zu Besuch ist. Die Mutter nimmt die Tochter nicht als Mutter wahr, sondern nur weiterhin als »ihr« Kind.

Die Mutter denkt dann: »Ich weiß besser, wie man kocht, putzt, Kinder erzieht – und jetzt muss hier endlich mal Ordnung einkehren.« Sie nimmt dann keine Rücksicht auf die Familiengepflogenheiten, sondern meint, immer alles besser zu wissen und richtig zu machen.

Jeder Schritt in neue Unternehmungen der Tochter – ob nun als Kleinkind, Schulkind, während der Pubertät oder als erwachsene Frau –, jede Veränderung bedeutet jedes Mal neu loszulassen und Vertrauen einzuüben. Vertrauen gegenüber der Tochter und gegenüber Gott, der unser Leben in der Hand hat und Anfang und Ende unseres Lebens kennt.

6. Entmündigung

Sorgen und Ängste der Mütter können im Erwachsenenalter zu Grenzverletzungen führen, wenn eine Mutter die Erlebnisse der Tochter stellvertretend miterleben will. Konkret bedeutet das,

- dass eine Mutter genaue Berichterstattung einfordert;
- dass eine Mutter sich in der Fantasie alles Mögliche positiv oder negativ ausmalt;
- dass die Leistung der Tochter als Ergebnis der eigenen Bemühungen gedeutet wird. (Ich bin eine gute Mutter, darum hat meine Tochter das geschafft.)

Durch solches Verhalten fühlt die Tochter:

- *Ich habe kein eigenes Leben.*
- *Alles, was ich leiste, habe ich meiner Mutter zu verdanken.*
- *Meine Mutter ist der Motor meines Lebens – sie ermutigt, fördert, kritisiert. Ohne sie bin ich nichts.*
- *Ich bin von den Meinungen und Stimmungen meiner Mutter abhängig.*

Umgekehrt gilt auch, dass die Leistung der Tochter der Mutter Wert gibt.

Vielleicht wertet die Mutter auch die Leistung der Tochter ab, indem sie sagt: *»Ich kann das alles auch.«*

So wird die Selbstständigkeit der Tochter unterbunden. Die Lebens- und Gefühlsdefinitionen werden durch die Mutter geliefert. Die Tochter wird in eine tiefe innere Abhängigkeit gezwungen. Alle Ereignisse muss sie nach dem Weltbild und den Bewertungen der Mutter deuten.

Dies kann so weit gehen, dass die Mutter auch noch bei der erwachsenen Tochter Vorschriften bzgl. der Kleidung, der Ausgehzeiten, der Kontakte macht und Telefongespräche kontrolliert.

Das alles sind Zeichen von mangelndem Selbstwertgefühl der Mutter. Die Mutter lebt nicht selbst, sondern lebt ihr Leben über die Tochter.

Sie ist nicht bereit, der Tochter ein eigenes Leben zuzugestehen. Die Tochter ist der Stabilitätsfaktor für ihre eigene Identität oder gibt ihr Lebens-Sinn. Die Selbstständigkeit der Tochter würde die Sicherheit der Mutter bedrohen und damit ihren bisherigen Lebensinhalt.

Solches Verhalten der Mutter ist ein Hindernis in der Entfaltung der Tochter. Will die Tochter sich lösen, so hat sie gleichzeitig ein schlechtes Gewissen, weil sie ihrer Mutter ihren Lebensinhalt wegnimmt. Die Mutter würde dann innere Leere erleben und die Tochter wäre daran »schuld«.

Aber diese »Schuld« müssen Töchter auf sich nehmen. Es tut letztlich beiden Seiten gut und hilft zum Wachsen und Reifen, Bindungen zu lösen und neue Wege gehen zu können.

7. Zu hohe Erwartungen an die Tochter

Manche Mütter setzen ihre Kinder ungeheuer unter Druck. Sie erwarten von ihnen sehr viel.

Sie wollen, dass sie alles richtig machen oder dass sie es besser haben, als sie es selbst hatten. Oft schwingt da auch die Hoffnung mit, dass die Tochter endlich das im Leben finden kann, das der Mutter verwehrt war.

Es kann sein, dass die Tochter diese Erwartungen dann auch erfüllt. Vor allem erstgeborene Töchter haben hervorragend »gelernt«, die Erwartungen ihrer Eltern zu erfüllen. Diese Erfüllung der Erwartungen kann noch im hohen Alter das Denken und Verhalten einer Tochter bestimmen.

Töchter lernen dabei aber auch, dass Liebe und Anerkennung mit der Leistung, die sie erbringen, zusammenhängen.

Dieses Selbstwertgefühl, das von der Anerkennung der anderen abhängig ist, vermittelt immer die Botschaft: Du musst noch mehr tun. Du musst noch besser werden, dann bist du noch mehr wert.

Leistungsdruck, Arbeitssucht und Perfektionismus sind die Folgen solcher Kindheits-Botschaften, wenn sie im Erwachsenenalter noch bestimmend und prägend sind.

»Zusammenfassung: Loslassen und sich lösen«

Der Prozess des Loslassens vonseiten der Mutter und des Sich-Lösens vonseiten der Tochter beginnt bei der Geburt und sollte im Idealfall mit Beginn der Adoleszenz (Ende der Pubertät) abgeschlossen sein. »Die Loslösung des Kindes vom Elternhaus ist die Krönung der Erziehung« (Reinhold Ruthe).

Die Erfahrung zeigt allerdings, dass viele Frauen sich in einem Alter ab Mitte Dreißig mit ihrer Vergangenheit nochmals intensiv auseinander setzen und erst dann manche inneren Verwicklungen mit der Mutter verarbeiten können.

Wo die Ablösung nicht geschieht, ist vieles im Leben von Kindern und Eltern belastet: Ehe, Erziehung der Kinder, andere Lebensbeziehungen und die Gestaltung des Lebens in Verantwortung vor Gott. Es besteht immer die Gefahr, dass dem Urteil der Eltern, der Meinung der Mutter mehr Gewicht gegeben wird als dem Reden Gottes. Es kann sogar sein, dass das Reden Gottes überhört wird, weil die Botschaften der Mutter (Eltern) in den Gedanken lauter sind als Gottes Botschaften.

Aber die biblische Aussage dazu ist ganz klar und hilfreich für Ablösungsprozesse: »Man muss Gott mehr gehorchen als den Menschen.«[4] Sie gilt für alle menschlichen Beziehungen und darum natürlich auch für Beziehungen zwischen Kindern und Eltern und umgekehrt.

Gott gegenüber sind wir letztendlich verantwortlich, im Blick auf unsere Entscheidungen, Lebensziele, Werte, Gestaltungsmuster unserer Beziehungen. Nicht unsere Eltern haben darüber das letzte Wort, wir sind ihnen keine Verantwortung schuldig, sondern Gott.

Das müssen beide Seiten lernen: Kinder und Eltern im Sich-Lösen und im Loslassen.

Kapitel 5

Neue Perspektiven für die Tochter-Mutter-Beziehung

Es gibt in der Bibel im Blick auf die Eltern zwei ganz eindeutige Gebote, die sich fast zu widersprechen scheinen: *Verlassen* und *Ehren*.

Ganz am Anfang – noch vor dem Sündenfall – spricht Gott vom Verlassen der Eltern als einem wichtigen Schritt ins Erwachsenenleben und für eine Ehe: »Darum wird ein Mann seinen Vater und seine Mutter verlassen und seiner Frau anhangen, und sie werden sein ein Fleisch.«[1]

Ehren

Ein anderes Gebot sagt: Du sollst deinen Vater und deine Mutter *ehren*.

Die 10 Gebote sind Mose auf 2 Tafeln von Gott übergeben worden[2].

Auf der ersten Tafel geht es um die Beziehung von Mensch zu Gott (Gott allein ehren, den Namen Gottes nicht missbrauchen, sich kein Bildnis von Gott machen, den Feiertag heiligen und dann die Eltern ehren). Diese Gebote unterscheiden sich von der zweiten Tafel auch darin, dass sie alle eine lange Begründung haben.

Auf der zweiten Tafel geht es um die Beziehung von Mensch zu Mensch (nicht töten, nicht ehebrechen, nicht stehlen, den Ruf des anderen nicht schädigen, nicht neidisch sein).

Das Elterngebot ist nach der ursprünglichen Zählung das fünfte Gebot, gehört also noch auf die erste Tafel, in der von der Beziehung Gott zu Mensch die Rede ist. Das bedeutet, dass Eltern hier in ihrem Erziehungsauftrag als Stellvertreter Gottes gesehen werden. Eltern vermitteln in ihrer Art des Umgangs mit den Kindern etwas vom Wesen Gottes.

Das ist eine hohe Verantwortung.

Es bedeutet also auch, dass Eltern sich den Kindern gegenüber so verhaltet sollen, dass diese sie ehren können.

Eltern zu ehren heißt für erwachsene Kinder nicht, den Eltern in allen Dingen noch zu Gehorsam verpflichtet zu sein, sondern sie in ihrer Würde und Persönlichkeit zu achten, aber gleichzeitig bereit zu sein, eigene Wege in der Verantwortung vor Gott zu gehen.

So kräftig und heftig die Ablösung von Jesus von seiner Mutter war, so intensiv bemüht er sich um seine Mutter im Blick auf ihr Alter noch im eigenen Sterben.

Unterm Kreuz, noch unter Schmerzen und Todesangst bittet er den Jünger Johannes, die Altersfürsorge für seine Mutter zu übernehmen[3]. Damals gab es keine Rente oder Sozialversicherung. Die Kinder waren die Alterssicherung der Eltern. Deshalb kümmert sich Jesus auch hier in liebevoller Weise um seine Mutter. Er bittet Johannes, an seiner Stelle die Sohnschaft zu übernehmen und gleichzeitig schenkt er Johannes (s)eine Mutter. Darin wird deutlich, wie er seine Mutter ehrt.

Verlassen

Dieses Verlassen muss spätestens zum Zeitpunkt der Eheschließung geschehen sein. Viele Eheprobleme rühren daher, dass die Kinder die Eltern nicht richtig verlassen, sich nicht aus den inneren Bindungen und Abhängigkeiten von den Eltern lösen und darum nicht zu einer eigenen

Identität und einer eigenen Form der Ehegestaltung finden können (siehe dazu auch Kapitel 2, Stichpunkt Hochzeit).

Verlassen bedeutet:

- *Nicht meine Eltern sind für mein Leben zuständig, sondern ich selbst; nicht meine Eltern, sondern ich selbst habe die Verantwortung für mein Leben.*
- *Es gibt keine perfekten Menschen, darum verabschiede ich mich von den Idealvorstellungen, wie ich mir meine Eltern gewünscht hätte.*
- *Ich lasse Verletzungen und Enttäuschungen los.*
- *Ich höre auf, Schuld zuzuweisen.*

Dieses Verlassen wird auch an Jesus deutlich. Seine Abgrenzung gegenüber den Eltern beginnt mit 12 Jahren, als er nach damaliger jüdischer Sitte religionsmündig wurde. Nach einem Besuch in Jerusalem merken die Eltern auf dem Heimweg, dass ihr Sohn nicht in der Reisegruppe ist. Darauf kehren sie um, suchen ihn drei Tage lang und haben große Angst und Sorge um ihn. Sie finden ihn schließlich im Tempel bei den Schriftgelehrten. Das Entsetzen und die Sorgen der Eltern weist Jesus zurück und bedeutet ihnen, dass er mehr zu seinem Vater im Himmel gehört als zu ihnen.[4]

Ein weiteres Beispiel dafür, wie hart Ablösung sein kann, finden wir in der Beschreibung einer Begegnung zwischen Jesus und seiner Mutter bei einer Hochzeitsfeier in einem Ort namens Kana[5].

Die Mutter merkt, dass der Wein auf dieser Feier zu Ende gegangen ist und möchte nun, dass ihr Sohn die Gunst der Stunde nutzt, um zu zeigen, was er für Wunder tun kann und wer er wirklich ist.

Die Mutter meint es natürlich »nur gut«. Sie weiß ja um den großen Auftrag ihres Sohnes und will dem nun ein bisschen nachhelfen. Sie will sich – eben in mütterlicher Weise – einmischen in das, was sie als wichtig für Jesus ansieht. Jesus reagiert darauf sehr hart mit den Worten: »Frau, was geht's dich an?« Er macht ihr damit deutlich, dass sie nicht dafür verantwortlich ist, wann und wie er den Willen des Vaters im Himmel ausführt. Er gibt ihr zu verstehen, dass er selbst die Verantwortung für sein Tun und Lassen trägt.

Die Reaktion der Maria darauf ist interessant und hilfreich für alle Mütter: Maria nimmt sich zurück. Sie schmollt nicht, sie ist nicht beleidigt. Die normale Reaktion einer Mutter auf solch eine Zurückweisung wäre vielleicht, empört oder verletzt zu reagieren. Maria macht mit ihrer Zurücknahme Raum für das Wirken von Jesus. Sie akzeptiert seine Zurückweisung und bittet nur die Diener, seinen Anweisungen Folge zu leisten.

Dieses Akzeptieren der Eigenständigkeit der Kinder müssen alle Mütter irgendwann lernen. Maria ist allen Müttern darin ein gutes Vorbild.

An einer anderen Stelle[6] kommen die Geschwister und die Mutter von Jesus, um ihn zu sprechen, möglicherweise auch, um ihn zur Vernunft zu bringen. Doch Jesus reagiert darauf sehr schroff: »Meine Mutter und meine Brüder sind nicht die da draußen, sondern die, die den Willen meines Vaters tun«, sagt er.

Jesus grenzt sich an diesen Stellen sehr hart gegenüber seiner Familie ab, um seinem eigentlichen Auftrag gerecht werden zu können. Er macht deutlich, dass er seiner Mutter und seiner Familie keine Rechenschaft mehr schuldig ist. Er ist nicht verantwortlich für den Ruf der Familie und die Ehre oder Schande, die sein Verhalten der Familie machen könnte. Auch hier hätte Maria verletzt sein können. Was wirklich in ihr vorging, wissen wir nicht, weil es aus dem Text nicht deutlich wird, aber einfach war dies bestimmt nicht für sie. Im weitesten Sinn war es eine Verleugnung: Jesus sagt zu den Umstehenden, sie sei nicht seine Mutter. Aus dem Zusammenhang wird zumindest deutlich, dass Jesus den weiteren Horizont sieht und sich nicht von familiären Bindungen an seinem Auftrag hindern lassen möchte.

Dies sind wichtige Beispiele, die uns ermutigen können, klare Schnitte zu machen, wenn wir erwachsen werden – unsere Eltern wirklich zu verlassen und umgekehrt unsere Kinder loszulassen: sich gegenseitig in die Eigenständigkeit und Freiheit entlassen.

Im Folgenden sollen nun für Frauen, die eine belastete Vergangenheit hatten, Schritte aufgezeigt werden, wie dieses Verlassen ganz konkret geschehen kann. Diese Schritte zur Klärung gelten natürlich ebenso für Söhne, falls diese vor einer ähnlichen Problematik stehen.

»Klärung der Tochter-Mutter-Beziehung«

Die Vergangenheit anschauen

Mit dem Erwachsenwerden beginnt ein Prozess der Auseinandersetzung mit der eigenen Vergangenheit. Das ist normal, aber manchmal nicht ganz einfach. Besonders massiv begegnet uns die eigene Kindheit – wie in Kapitel 2 beschrieben –, wenn wir selbst Mutter werden. War die Kindheit eher schwierig, bricht dann oft der Konflikt zur Mutter so richtig auf.

Das Bild der eigenen Mutter (oder des Vaters) taucht auf, wird zur Ermahnung oder Ermutigung, ruft Widerspruch oder Zustimmung hervor. Manches, was Kinder emotional durchlitten haben, kommt in dem Moment zum Vorschein, wenn sie selbst Eltern geworden sind.

Manche Menschen tragen massive Verletzungen aus der Kindheit in sich:

- Die Erfahrung, immer an zweiter Stelle gestanden zu sein. Vielleicht war sogar ein anderes Kind mehr geliebt und stand immer im Vordergrund.
- Als Kind nicht erwünscht gewesen zu sein: »Eigentlich wollten wir kein weiteres Kind mehr.« – »Eigentlich hatten wir uns einen Jungen gewünscht.« – »Wegen dir mussten wir heiraten.«
- Menschen sind zu eng oder zu zwanghaft an die Eltern gebunden gewesen. Die Eltern haben den eigenen Wert immer über ihre Kinder definiert.
- In einem emotional kalten und ungeborgenen Klima aufgewachsen zu sein: »Wenn du das machst, rede ich nicht mehr mit dir, mag ich dich nicht mehr, will ich dich nicht mehr sehen …« usw.
- Körperliche Misshandlungen oder Schläge.
- Sexueller Missbrauch: Dies zerstört den Selbstwert eines Menschen in der Tiefe. Es entsteht das Gefühl, nur Abfall, nur Objekt zu sein.
- Sucht der Eltern (Alkohol, Tabletten, Essen, Arbeit, Spiel).
- Trennung der Eltern und darum Schuldgefühle bei den Kindern.

Zum Verlassen der Eltern und zu einer geklärten Beziehung gehört, die Vergangenheit anzuschauen und zu verarbeiten. Manche Menschen wollen diesen Blick zurück nicht, sondern sagen: *»Lieber vergebe ich gleich, dann ist alles vorbei.«*

Aber dann kann die Vergangenheit nicht geheilt werden. Die Verletzungen müssen erst ans Licht Gottes, sonst beherrschen sie uns immer wieder unvermittelt und ungewollt.

Viele Frauen reagieren zunächst auf die Erinnerungen an die eigene Kindheit so, dass sie die eigene Mutter bzw. die Eltern für das, was sie ihnen angetan haben, anklagen.

Wut und Vorwürfe beherrschen dann den Umgang mit den Eltern, mit der Mutter. Die Eltern werden zu inneren Bösewichten. Möglicherweise distanziert sich eine Tochter vollständig, verweigert den Kontakt, erteilt Hausverbot. Sie verbietet sich jegliche Einmischung in die Erziehung, weil sie Angst hat, dass eigene Erlebnisse der Kindheit sich dann wiederholen und ihre Kinder ähnliche negative Erfahrungen machen müssen wie sie selbst.

Manche Frauen haben das Gefühl, die eigenen Eltern seien innerlich gestorben. Oder es taucht sogar der Wunsch auf, sie mögen tot sein. Die Wut über die Eltern kann ins Unermessliche wachsen. Die Erinnerungen können so schmerzlich sein, dass sie einen fast überwältigen. Wenn Kinder ihre Gefühle den Eltern gegenüber zur Sprache bringen oder den Kontakt vermeiden, werden manche Großmütter oder Großeltern oft völlig unvermittelt und überraschend davon getroffen. Sie können die emotionalen Erinnerungs-Prozesse der Tochter (oder auch des Sohnes) aus der Ferne nicht nachvollziehen.

In solchen Phasen der Erinnerung und der beginnenden Aufarbeitung haben manche Frauen regelrecht Angst vor dem nächsten Kontakt mit der Mutter oder dem Vater. Sie haben Angst vor den alten emotionalen Schienen, die immer wieder von der Mutter (oder vom Vater) »befahren« werden und aus denen sie sich dann nicht lösen können.

Diese Angst ist auch ein eindeutiges Zeichen einer noch nicht vollzogenen Ablösung.

Trauern

Erinnern ist wichtig und manchmal kann es auch hilfreich sein, eine Kontaktpause einzuräumen. Aber nur für eine gewisse Zeit. Das Ziel muss dabei immer sein, wieder miteinander Kontakt pflegen zu können, aber eben anders als vorher.

Auch Gefühle von Wut müssen zugelassen werden. Aber dabei dürfen Menschen nicht stehen bleiben. Sonst hätten sie zwar den angeblich »Schuldigen« gefunden, aber die Situation hat sich damit noch nicht geändert. Sie haben vielleicht eine Erklärung für ihr Verhalten, aber damit ist das Verhalten immer noch dasselbe. Und es hindert sie daran, die Eltern zu ehren.

Hinter der Wut und der Aggression steckt das eigentlich wichtige Gefühl der Trauer.

Zu diesen Gefühlen der Trauer und des Schmerzes müssen Menschen erst vorstoßen. Dies ist ein ganz schwieriger Punkt in dem Prozess des Heilwerdens. In der Trauer haben wir Angst, uns zu verlieren, Angst, fortgeschwemmt zu werden. Doch gerade deswegen müssen wir uns dem Schmerz und der Trauer stellen. Dort findet Gott in unseren Gefühlen einen Ansatzpunkt. Dort, wo wir hilflos und verunsichert sind. Dort, wo die Angst vor Ablehnung und Verurteilung in uns hochkommt.

Mit dieser Angst sollen wir zu Gott kommen und ehrlich werden im Blick auf das, was gerade in uns abläuft. Genau da erwartet uns Gott mit weit offenen, liebenden Vaterarmen und sagt: »Komm her zu mir. Bei mir darfst du ganz Kind sein. Bei mir darfst du alles abladen, was dich verletzt, was dir wehtut, was dich bedrückt. Bei mir darfst du auch weinen und damit auch loslassen – du darfst echt sein, deine Gefühle wahrnehmen und darfst dich von meiner Liebe beschenken lassen.«

Eine Frau erzählte von diesem Prozess: »Eines Tages schrieb ich unter vielen Tränen einen Brief an meine Mutter. Ich schaute das viele Schmerzliche meiner Kindheit nochmals an und weinte vor Gott darüber. Danach war mein Herz frei, ihr zu vergeben. Den Brief an sie habe ich nie abgeschickt, aber meine Beziehung zu meiner Mutter war danach ganz anders. Ich konnte sie danach sogar lieben.«

Das Trauern über die emotionalen Erlebnisse der Kindheit ist wichtig. Manche Gefühle der Verlassenheit und der Einsamkeit müssen dabei auch nochmals durchlebt werden – aber nun immer in der Gewissheit, dass der allmächtige Vater dabei ist und uns in seinen Armen birgt. Er kann uns zur Mutter und zum Vater im guten Sinn werden. Er will uns das dazu geben, was uns damals gefehlt hat und vielleicht immer noch fehlt. Er kann das innere emotionale Loch ausfüllen, das uns immer wieder umtreibt und zu unerklärlichen emotionalen Ausbrüchen verleitet. Er kann und er will die verwundeten Gefühle heilen. Er will dem weinenden Kind die Tränen abwischen. Seine Liebe hat die Macht, alle seelischen Verletzungen zu heilen.

Jesus ist deswegen auf die Erde gekommen, um uns herauszulösen aus alten Mustern, aus Zwängen und Ängsten, aus emotionalen Ketten von Wut und Aggressionen.

Wo vorher nur emotionales Chaos und Wut, Verwirrung und Hilflosigkeit war, kann und will er eine neue Kraft der Hoffnung und der Liebe in unserer Seele wachsen lassen. Aber wir müssen ihn dazu an die verletzten Stellen heranlassen, damit er unsere Gefühle heilen und uns wieder zurechtbringen kann. Doch das tut manchmal sehr weh.

Das Trauern ist auch wichtig im Verhältnis von Müttern zu ihren Töchtern: Z. B. Trauer über abgeschlossene Lebensphasen (wie z. B. das Ende der Stillzeit, das Ende der Krabbelzeit, das Ende der Kleinkindzeit, das Ende der Kindergartenzeit, das Ende der Schulzeit, das Ende des Zuhause-Wohnens usw.).

Bestimmte Phasen sind endgültig vorbei. Versäumtes kann nicht nachgeholt werden und manches wird bruchstückhaft stehen bleiben.

Dazu gehört auch das Trauern über Verletzungen, die Töchter den Müttern zugefügt haben wie z. B. Gleichgültigkeit, Lieblosigkeit, Achtlosigkeit, Vergesslichkeit, Schadenfreude und vieles andere mehr.

Trauern zu lernen heißt nicht, in Selbstmitleid zu verfallen, sondern sich aktiv mit den Verlusten und gleichzeitig den neuen Möglichkeiten auseinander zu setzen:

Bewusst anschauen, was so wehtut. Sehen, wo Lücken entstanden sind, wo Verluste in der Vergangenheit waren und Früheres nicht mehr wiederholbar ist.

Zur Trauer gehören auch Phasen des Rückzugs und des Weinens dazu. Der Schmerz soll nicht verdrängt werden.

Wenn eine Mutter in solchen Phasen aber in Selbstmitleid verfällt, tut sie weder sich noch den Kindern damit einen Gefallen.

Selbstmitleid ist der Versuch, anderen die Schuld an der eigenen Situation zu geben und sie dadurch wieder an sich zu binden.

Selbstmitleid hat auch die Folge, dass man sich selbst in Gedanken permanent herabsetzt: *Ich bin ja sowieso nichts wert. Ich habe es ja nicht anders ver-*

dient. Solche Sätze führen immer tiefer in das Kreisen um sich selbst.

Trauern dagegen hat das Ziel, die Dinge, die wehtun, bewusst wahrzunehmen, dann aber auch loszulassen, Vergangenes zu verlassen und frei zu werden für Neues.

Entscheidung zur Vergebung

Viele Menschen möchten den schmerzhaften Trauerprozessen gerne ausweichen und gleich von Anfang an sagen: »Ich vergebe dem anderen und damit ist das Thema für mich erledigt«. Aber damit weichen sie der wirklichen Heilung aus. Vergebung ist erst dann echt und ehrlich, wenn wir den Trauerprozess durchlebt haben und wenn wir wissen, welchen Schmerz wir vergeben wollen.

Danach aber gilt es auch, den Menschen, die uns wehgetan haben, wirklich zu vergeben. Auch wenn diese möglicherweise schon tot sind, kann ich ihnen in Gedanken vergeben.

Oft wollen wir auch erst vergeben, wenn andere sich bei uns entschuldigt haben. Wir erwarten, dass die anderen auf uns zukommen. Wenn wir so denken, verrennen wir uns schnell in Vorwürfen gegen die anderen und tragen ihnen das Böse doch nach. So stehen wir in der Gefahr, Gefangene unserer Bitterkeit zu werden, unfrei und unecht.

Es ist schön, wenn andere auf uns zukommen und Unrecht zugeben. Aber genauso häufig geschieht es, dass dies eben nicht passiert.

Vergebung braucht eine bewusste Entscheidung.

»Eines Tages begriff ich, dass meine Eltern gar nicht wussten, wie schwer manches in meiner Kindheit für mich war. Deswegen konnte ich auch nicht erwarten, dass sie sich bei mir entschuldigen. Ich bat darum Gott, dass er mir die Kraft zum Vergeben schenkt. Und das tat er dann auch. – Eines Nachts hatte ich einen Traum, in dem meine Eltern auf mich zukamen und mich um Vergebung baten. Danach konnte ich vergeben. Durch diesen Traum hat Gott in meinem Herzen etwas verändert, dafür bin ich sehr dankbar.«

Gott kann unser Herz auf vielerlei Weise zur Versöhnung bereitmachen und uns dabei helfen, dass wir uns bewusst entscheiden, anderen zu vergeben – auch wenn sie uns noch so Schlimmes angetan haben. Gott ist es, der unsere Herzen heilen will. Unsere Frustration und unseren Schmerz können wir vor Gott äußern und ablegen. So können wir frei werden von Bitterkeit, Selbstmitleid und Schuldzuweisungen.

Versöhnung kann in uns geschehen – auch wenn der andere sich nicht ändert. Es kann sein, dass eine Mutter sich gegen die Veränderung, die sich bei der Tochter im Blick auf die gegenseitige Beziehung anbahnt, heftig wehrt. Oder Töchter wehren sich gegen das veränderte Verhalten der Mutter.

Wenn eine von beiden neue Wege gehen will, ist die andere oft die, die blockiert und zurück in die alten vertrauten Bahnen möchte. Neues bedeutet auch Unruhe, neue Gefühle, neue Erfahrungen. Manche Lebenslüge wird möglicherweise durch das veränderte Verhalten der Tochter oder der Mutter aufgedeckt.

Es kann viel Kraft und auch einiges an inneren Kämpfen kosten, diesen Weg dann bis zu Ende zu gehen.

Schön ist es, wenn Vergebung dahin mündet, dass sie in einem Gespräch ausgesprochen werden und einander zugesagt werden kann.

Eine Hilfe, um einander vergeben zu können ist auch das Gebet füreinander: Wenn Eltern und Kinder einander unter dem großen Horizont der Barmherzigkeit Gottes sehen lernen, hilft das auch Verletzungen und Bitterkeiten loszulassen und im Herzen wieder für einen liebevollen Umgang miteinander frei zu werden.

Abschied von Idealvorstellungen

Zur Versöhnung mit der Vergangenheit gehört auch der Abschied von Idealvorstellungen:

Meine Vergangenheit gehört zu mir und bleibt Teil meiner Persönlichkeit. Darum ist es wichtig, dass ich zu einer inneren Versöhnung auch mit den Abschnitten meines Lebens finde, die schwierig waren. Sonst bleibe ich immer verhaftet in inneren Brüchen oder Abbrüchen.

Es kann eine Hilfe zur Versöhnung sein, die Eltern in neuer Weise wahrzunehmen und ehren zu lernen:

- Meine Eltern haben Fehler nicht willentlich und vorsätzlich gemacht.
- Eltern können selbst Gefangene ihrer Vergangenheit sein.
- Eltern stolpern selbst an vielen Stellen über ihre eigene Unfähigkeit und ihre eigene Verletzlichkeit und geben das wieder an ihre Kinder weiter.

Vielleicht hilft der Satz:

Meine Mutter liebte mich auf die beste ihr mögliche Weise.

Dieser Satz stimmt in jedem Fall – auch wenn das Lieben der Mutter komplett stümperhaft war und selbst dann, wenn eine Tochter von dieser Liebe überhaupt nichts gespürt hat. Weitergedacht könnte der Satz dann auch so heißen: Meine Mutter versuchte, das Beste daraus zu machen. Aber je nachdem wie ihr eigenes Schicksal verlaufen ist und wie sehr sie selbst vielleicht ein verletztes und ungeliebtes Kind war, war sie unfähig, mir das zu geben, was ich brauchte.

Ein solcher Rückblick kann wehtun und deutlich machen, mit wie vielen Liebesdefiziten manche Menschen durch das Leben gehen.

Die Sehnsucht, bedingungslos geliebt zu werden, kann zum bestimmenden Lebensthema werden. Die Bibel zeigt uns, dass wir die Sehnsucht nach Liebe bei Gott stillen können. Er weiß um unsere Defizite und will uns trösten und unseren Hunger nach Liebe stillen: »Ich will euch trösten, wie einen seine Mutter tröstet.«[7] In Gottes Armen erfahren wir Geborgenheit und Heilung, Geliebtsein und Gehaltensein.

Menschen sind dafür immer nur ein bruchstückhaftes Abbild.

Mit der Unvollkommenheit des menschlichen Liebens können wir so besser umgehen.

Diese Erfahrungen helfen uns auch, unsere Vorstellungen von den perfekten oder vollkommenen Eltern, die wir uns vielleicht gewünscht hätten, loszulassen.

Es gehört zu den großen Herausforderungen des menschlichen Lebens, dass wir lernen, mit nicht perfekten Menschen zusammenzuleben – seien es Mütter oder Väter, Ehepartner oder Kinder.

Niemand ist so, wie er nach unserer Vorstellung sein sollte, niemand ist ideal.

Gerade die Unvollkommenen lieben zu lernen, gehört zu den größten und schwierigsten, zugleich aber auch wichtigsten Aufgaben des Menschseins.

Sich mit der Vergangenheit aussöhnen

In Psalm 139, Vers 15-16 heißt es: »Ich war dir nicht verborgen, als ich im Dunkeln Gestalt annahm, tief im Mutterschoß der Erde. Du sahst mich schon fertig, als ich noch ungeformt war. ... Jeder meiner Tage war schon vorgezeichnet, noch ehe der Erste begann«
(Übersetzung: Die Gute Nachricht).

Der Psalmbeter weiß: Gott hat mein Leben gewollt. Selbst wenn meine Eltern mich nicht gewollt haben sollten, hat Gott mich ins Leben gerufen.

Mütter sind nur »Handlangerinnen« in Gottes großem Plan. Das kann ein sehr hilfreicher Gedanke sein, um sich mit seiner Vergangenheit auszusöhnen.

Eine Frau beschrieb diesen inneren Prozess so: »Ich weiß, dass meine Mutter mich eigentlich nicht wollte. Oft genug bekam ich zu hören, dass ich froh sein solle, dass ich überhaupt lebe. Ich hatte immer Schuldgefühle, dass ich da war. Aber als ich begriffen habe, dass Gott mein Leben gewollt hat und er es war, der mich geschaffen und mir das Leben geschenkt hat, war das eine große Befreiung für mich: Ich bin gewollt.«

Es gibt noch mehr Gründe zu danken, auch mit schlimmer Vergangenheit:

- Veranlagungen und Gaben;
- alles was ich an Positivem durch meine
- Eltern gelernt und erfahren habe;
- die Einmaligkeit meines Lebens;
- mein Aussehen, mein Körper,
- meine Gesundheit, meine Kondition,
- mein Charakter in seinen Anlagen.

Das alles war Gottes Idee, seine liebevolle Schöpfung.

Das alles habe ich letztlich durch meine Eltern von Gott bekommen.

Auch das Negative gehört zum Leben dazu und ist von Gott zugelassen, damit wir daran lernen und reifen.

Es gibt sehr viele Dinge in unserem Leben, die wir nicht ändern können, die so geworden sind, die sich so ergeben haben und wir konnten sie nicht beeinflussen: Unsere Eltern; unser soziales Umfeld; das Land und der Ort, in dem wir geboren wurden, die Schule und die Lehrer, die Geschwister, vielleicht auch der Ehepartner, die Kinder oder die Schwiegerkinder.

Auch wie unser Leben sich gestaltet, die Tiefschläge und Krisen, Unfälle, Krankheit oder Tod – das alles können wir nur wenig beeinflussen.

Und doch war (und ist) es der Weg, den Gott uns geführt hat und das Leben, in das er uns hineingestellt hat.

Habe dein Schicksal lieb,
denn es ist der Weg Gottes mit deiner Seele.
Fjodor Dostojewski

Dieser Spruch drückt eine tiefe Lebensweisheit aus: Hinter unserem Leben steht kein blindes und mir schlecht gesonnenes Schicksal. Mein Leben ist ein Weg Gottes mit mir – ein Weg, auf dem ich etwas lernen und erfahren, an dem ich reifen und wachsen soll.

Solche Gedanken helfen, um zu einer Versöhnung mit dem eigenen Leben, mit der Mutter, den Eltern zu finden.

Manchen ist es geschenkt, dass sie ein Gespräch mit der Mutter führen können. Möglicherweise kann es auch gut sein, miteinander über die Vergangenheit zu sprechen und Fragen zu stellen:

- Warum durfte ich damals nicht …?
- Wie hast du Großvater erlebt …?
- Worüber hast du dich als kleines Mädchen gefreut?

Vielleicht kann auch das Gedankenspiel hilfreich sein, dass ich mir meine Mutter als fremde Frau vorstelle, die ich bei einer langen Bahnfahrt treffe und die mir ihre Lebensgeschichte erzählt. Auf diese Weise würde ich möglicherweise auf neue Weise zuhören, manches an Motiven besser verstehen, manches an Ängsten heraushören.

Solche Gedanken können helfen, die Mutter neu sehen und ehren zu lernen und zu einer guten Beziehung zu finden. Auch wenn die Mutter schon tot ist, kann ich so zu einer Versöhnung mit ihr kommen und sie innerlich ganz in Gottes Barmherzigkeit hinein loslassen.

Altes verlassen, neue Schritte wagen

Wachstum entsteht nur durch Loslassen, Neues wagen, hergeben, den Horizont erweitern. Leben und Glauben bedeutet immer ein Vorwärtsgehen. Dafür muss ich etwas hinter mir Liegendes loslassen. Es ist immer auch ein kleines Stück Sterben dabei. Ohne das Loslassen gibt es keine Entwicklung, kein seelisches Wachstum, kein persönliches Reifen.

Jeder Mensch kommt irgendwann an den Punkt, an dem er Vertrautes, Schönes und Gewohntes wieder loslassen muss – und solche Prozesse können dann auch sehr schwer sein.

Etwas aufgeben oder hergeben und etwas Neues finden, sind ganz normale Prozesse im Leben. Bevor das Neue kommt, müssen wir das Alte aufgeben. Nicht umgekehrt. Wir hätten es gerne andersherum. Wir hätten gerne zuerst die neue

Sicherheit, um dann Altes loszulassen. Aber im Leben geht es in der Regel andersherum. Veränderung hat mit Wagnis zu tun, mit Sich-Einlassen und mit Ungewissheit.

»Das Gesetz der Entwicklung heißt: das Morgen gleicht dem Gestern nicht und daraus entsteht Angst für das Heute. Jeder Gegenwartsaugenblick ist eine Wegmitte zwischen Vergangenheit und Zukunft.«[8]

»Als unsere Tochter auszog«, so erzählte eine Frau, »war ich zuerst wütend und dann verletzt. Erst als ich aufhörte, mich innerlich ständig an sie zu klammern, wurde unsere Beziehung verändert. Heute kann ich dazu Ja sagen, dass sie nicht mehr bei uns wohnt und kann sie auch immer wieder fröhlich ziehen lassen. Dadurch ist unsere Beziehung viel herzlicher zueinander geworden.«

Loslassen oder Weggehen – z. B. bei einem Umzug oder einem Wegzug der Kinder – bedeutet immer ein wenig Sterben.

Aber Bleiben und Festhalten bedeutet auch ein wenig Sterben. Wir bleiben hängen, statt uns fortzubewegen. Wir werden unbeweglich und starr – sowohl als Eltern wie als Kinder. Wenn wir die Vergangenheit nicht loslassen, werden wir nicht offen für die Zukunft.

Das Loslassen sollte in eine Haltung des Ehrens münden und bedeutet, im Verhalten zueinander auch neue Schritte zu gehen:

- *Ich trete heraus aus den alten, festgefahrenen Mustern.*
- *Ich entscheide mich, anders mit der Mutter / der Tochter umzugehen.*
- *Ich möchte in neuer Weise über die Mutter (die Tochter) und ihr Verhalten denken lernen.*
- *Ich sehe meine Mutter / Tochter aus einem neuen Blickwinkel.*
- *Ich setze neue Grenzen.*
- *Ich kann in guter, neuer und freier Weise mit meiner Mutter/meiner Tochter umgehen.*
- *Ich kann sie stehen lassen, auch ihre Aussagen stehen lassen.*
- *Die altvertrauten Sätze meiner Mutter (oder Tochter) sind dann keine geheimen Aufforderungen oder Botschaften mehr, sondern Aussagen.*
- *Ich kann zu der Einstellung finden: Was sie eben gesagt oder geäußert hat, ist ihre Meinung und nicht meine Meinung. Sie hat das Recht zu dieser Meinung und ich habe das Recht zu einer anderen Meinung.*
- *Ich muss mich nicht mehr nach ihrer Meinung richten oder ihren Botschaften Folge leisten.*
- *Ich kann auch zu neuen positiven Gefühlen finden, wo vorher vielleicht Hass und Wut ihr gegenüber geherrscht haben.*

Damit eine Beziehung anders wird, müssen wir unsere Umgangsformen miteinander überprüfen.

Als Tochter oder Mutter muss ich möglicherweise lernen, auf neue und andere Weise »Ja« oder »Nein« zueinander zu sagen.

Vieles, was ich der anderen bisher gewährt oder zugestanden habe, ist nach einer Beziehungsveränderung möglicherweise nicht mehr richtig. Vielleicht muss ich ganz neu Grenzen setzen, um meinen eigenen Weg zu finden.

Dort, wo bisher viel Einmischung in die Familie der Tochter vonseiten der Mutter war, kann dies eine längere Zeit in Anspruch nehmen.

Wenn eine Tochter nicht verheiratet ist, ist es ebenso wichtig, der Mutter (den Eltern) Grenzen aufzuzeigen, um zu einem eigenständigen und selbst verantworteten Leben vor Gott zu finden.

Es kann genauso wichtig sein, dass Eltern ihren Kindern gegenüber neues Verhalten einüben, ihnen neue Freiheiten einräumen oder sie ganz bewusst entlassen in ein selbstständiges Leben. Auch Verhaltensänderungen vonseiten der Eltern können zu harten Auseinandersetzungen führen. Jahrelang eingeübte Bequemlichkeiten und Abhängigkeiten sind manchmal nur schwer zu lösen.

Dieses Grenzensetzen – egal von welcher Seite es geschieht – ist nicht immer ganz einfach, weil wir dabei Angst haben, die Liebe oder die Nähe des anderen, dem wir Grenzen setzen oder neue Wege weisen, zu verlieren.

Aber solche Schritte sind für beide Seiten wichtig, damit Wachsen und Reifen geschehen kann und sich Eltern und Kinder nicht gegenseitig darin behindern.

Ohne einen echten Abschied kann es auch keine echte Heimkehr geben.[9]

Als Geliebte leben

Die Bibel zeigt uns Gott als Vater und Mutter. Er begegnet uns mit bedingungsloser Liebe und Wertschätzung. Er hält uns auch, wenn wir fallen. Er gibt uns Kraft zum Leben und Hoffnung für heute und morgen.

Diese Zuwendung Gottes, dieses Angenommensein, Gewolltsein und Geliebtsein ist wie ein guter »Mutter«-Boden, in den wir uns verwurzeln können und der uns Sicherheit und Hoffnung für die Welt und für die Menschen gibt.

Gott weiß auch um unsere Blockaden im Leben und Lieben.

Er will uns helfen, dass wir davon frei werden und unsere Herzen immer wieder von seiner Liebesquelle gespeist werden.

Wir können von Gott das Lieben lernen.

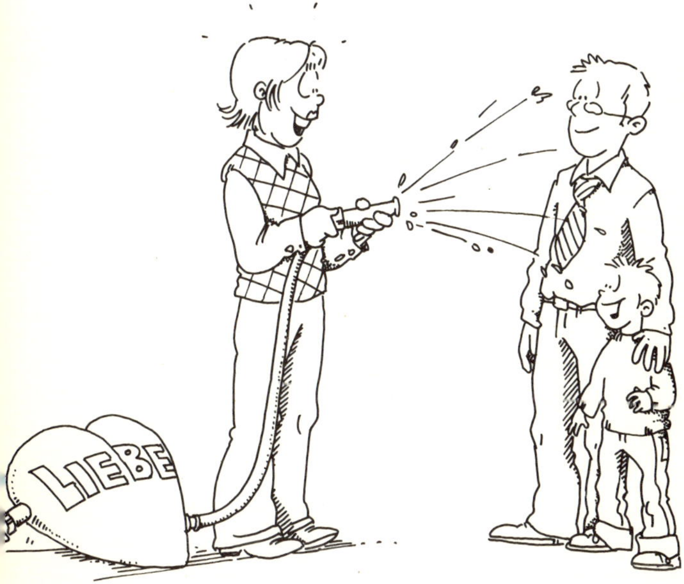

Eine Mutter formulierte es so: »Als ich begriffen habe, dass Gott meine Unvollkommenheit sieht und mich trotzdem liebt, ist in mir etwas verändert worden. Ich konnte mich über diesen barmherzigen Blick Gottes auf mein Leben freuen. Dadurch konnte ich auch anderen Menschen anders begegnen.

Ich habe gelernt, mit meinen Kindern fairer umzugehen und sie nicht wegen Kleinigkeiten zu kritisieren und zu verurteilen. Ich habe gelernt, sie zu lieben – auch mit dem, was mir an ihnen schwer fällt oder mich ärgert.«

Wie Gott mir – so ich dir.

Wir können jeden Tag aus den Quellen Gottes schöpfen. Gott will und kann unseren leer gewordenen Liebestank immer wieder auffüllen und uns die nötige Kraft zum Lieben geben. Diese Quelle ist seine Vergebung, die er uns zuspricht, es ist sein Reden zu uns in der Stille und durch sein Wort. Es ist seine bedingungslose Liebe, die er uns schenkt.

Und nicht zuletzt: Gott will uns Hoffnung und neue Perspektiven für unsere Lebensbeziehungen geben – für Mütter und Töchter, für Väter und Söhne.

Es ist sein erklärter Wille, dass Menschen in Frieden und Liebe, in gegenseitiger Achtung und Würde miteinander leben.

Über all unseren Beziehungen steht Gottes Barmherzigkeit. Mit seiner versöhnenden Kraft können wir anders miteinander umgehen und immer wieder neu miteinander beginnen.

Das Alte Testament endet mit Mut machenden Worten und weist damit zugleich ins Neue Testament und in unser Leben:

Gott will die Herzen der Väter bekehren zu ihren Söhnen und das Herz der Söhne zu ihren Vätern.[10]

Diese Zusage gilt im biblischen Sinn auch für Mütter und Töchter.

»Statt eines Nachworts«

» Die Mutter ist nicht für das Glück der Tochter zuständig und die Tochter nicht für das Glück der Mutter. «

» Wie das Verhältnis zur Mutter,
so ist auch das Verhältnis zur Tochter. «

» Die Mutter muss das Loslassen lernen –
die Tochter muss sich lösen. «

» Mit der Beziehung zu einem eigenen Kind und mit den Gefühlen, die darin erlebt werden, bekomme ich eine Chance, meine eigene Vergangenheit nochmals zu erleben und auch schwierige Punkte darin aufzuarbeiten. «

» Als Frau zu meinen,
der eigenen Mutter nicht zu genügen,
heißt in der letzten Konsequenz immer,
auch sich selbst nicht zu genügen. «

» Vergebung braucht eine bewusste Entscheidung. «

» Meine Mutter liebte mich
auf die beste ihr mögliche Weise. «

» Habe dein Schicksal lieb,
denn es ist der Weg Gottes mit deiner Seele.
Fjodor Dostojewski «

» Wir können von Gott
das Lieben lernen:
Wie Gott mir – so ich dir. «

Literaturverzeichnis

Badinter, Elisabeth: Die Mutterliebe. Piper & Co. 1981

Blaschek-Krawczyk, Sigrid (Hrsg.): Märchen von Müttern und Töchtern. Fischer 1993

Böckmann, Angelika: Meine Mutter und ich. Schulte und Gerth 2000

Caron, Ann F.: Töchter werden junge Frauen. Kreuz Verlag 1992

Cramer, Bertrand: … und alles nur aus Liebe. Das Mutter-Tochter-Geheimnis. DVA Stuttgart 1997

Fischer, Lucy Rose: Tochter bleibst du immer. Heyne Verlag 1986

Freud, Sophie: Meine drei Mütter und andere Leidenschaften. Claasen 1989

Friday, Nancy: Wie meine Mutter. Fischer 1982

Geuter, Ulrich: Im Mutterleib lernen wir die Melodie unseres Lebens. In: Psychologie heute, Januar 2003

Hammer, Signe: Töchter und Mütter. Über die Schwierigkeiten einer Beziehung. Fischer 1989

Lindgren, Astrid: Das entschwundene Land. Oetinger 1977

Kast, Verena: Vater-Töchter, Mutter-Söhne. Kreuz Verlag 2002

Mack, Cornelia: Kleiner Unterschied – Große Wirkung. Hänssler Verlag 2002

Marone, Nicky: Starke Mütter – selbstbewusste Töchter. Fischer 2001

McHardy, Katja: Nicht ohne meine Mutter. Kiepenheuer und Witsch 1993

Mens-Verhulst, Janneke / Schreurs, Karlein / Woertmann, Lisbeth: Töchter und Mütter: Weibliche Identität, Sexualität und Individualität. Kohlhammer 1993

Oelker, Petra: Neue Mütter – neue Töchter. Mosaik-Verlag 1994

Schilling, Erika: Manchmal hasse ich meine Mutter. Fischer 1984

Tournier, Paul: Geborgenheit – Sehnsucht des Menschen. Herder 1969

Trobisch Youngdale, Ingrid: Der Weg nach Hause ist eine lebenslange Reise. Brockhaus Verlag

Anhang

Kapitel 1

[1] Jane Flax: Töchter und Mütter, Weibliche Identität, S. 215
[2] Petra Oelker: Neue Mütter, neue Töchter, S. 214
[3] Astrid Lindgren: Das entschwundene Land, S. 34
[4] Sophie Freud: Meine drei Mütter und andere Leidenschaften, S. 53

Kapitel 2

[1] Karlein Schreurs: Töchter und Mütter, Weibliche Identität, S. 18
[2] Jane Flax: Töchter und Mütter, Weibliche Identität, S. 207
[3] Dr. Robertinello in Nany Friday: Wie meine Mutter, S. 55
[4] Ann Caron: Töchter werden junge Frauen, S. 24
[5] Nicky Marone: Starke Mütter, selbstbewusste Töchter, S. 249ff.
[6] Ann Caron: Töchter werden junge Frauen
[7] Ann Caron: Töchter werden junge Frauen, S. 24

[8] Lucy Rose Fischer: Tochter bleibst du immer, S. 35
[9] Mieke de Waal: Töchter und Mütter, S. 60
[10] Ann Caron: Töchter werden junge Frauen, S. 130
[11] Ann Caron: Töchter werden junge Frauen, S. 99ff.
[12] Karlein Schreurs: Töchter und Mütter, S. 20
[13] 1. Mose 2,24
[14] Ruth De Kanter: Töchter und Mütter, S. 57
[15] 1. Mose 2,24
[16] Lucy Rose Fischer: Tochter bleibst du immer, S. 181
[17] Lucy Rose Fischer: Tochter bleibst du immer, S. 184
[18] Janet Surrey: Töchter und Mütter, S. 169
[19] Ann Caron: Töchter werden junge Frauen, S. 238
[20] Lucy Rose Fischer: Tochter bleibst du immer, S. 208
[21] Sprüche 23,22

Kapitel 3

[1] Signe Hammer: Töchter und Mütter, S. 18
[2] Nancy Friday: Wie meine Mutter, S. 51
[3] Bertrand Cramer: … und alles nur aus Liebe, S. 116
[4] Signe Hammer: Töchter und Mütter, S. 47
[5] Janet Surrey: Töchter und Mütter, S. 167

[6] Cornelia Mack: Kleiner Unterschied – große Wirkung
[7] Karin Flake: Töchter und Mütter, S. 25
[8] Die schönsten Märchen von Müttern und Töchter
[9] Siehe dazu auch Kap. 5.
[10] Signe Hammer: Töchter und Mütter, S. 130
[11] Ann Caron: Töchter werden junge Frauen, S. 147
[12] Ann Caron: Töchter werden junge Frauen, S. 149
[13] Karin Flake: Töchter und Mütter, S. 25
[14] Nina Lykke: Töchter und Mütter, S. 47
[15] Nancy Friday: Wie meine Mutter, S. 63

Kapitel 4

[1] Leah Schaefer: Wie meine Mutter, S. 431
[2] Bertrand Cramer: …und alles nur aus Liebe, S. 113
[3] Bertrand Cramer: …und alles nur aus Liebe, S. 55
[4] Apostelgeschichte 5,29

Kapitel 5

[1] 1. Mose 2,24
[2] 2. Mose 20
[3] Johannes 19,26-27
[4] Lukas 2,41ff.
[5] Johannes 2
[6] Markus 3,31-35
[7] Jesaja 66,13
[8] Paul Tournier: Geborgenheit – Sehnsucht des Menschen, S. 168
[9] Ingrid Trobisch Youngdale: Der Weg nach Hause ist eine lebenslange Reise, S. 133
[10] (frei zitiert nach Mal. 3,24)

hänssler

Weitere Bücher von Cornelia Mack:

Zum Leben erziehen
Kinder auf das Leben vorbereiten
Tb., 320 S.,
Nr. 393.781, ISBN: 3-7751-3781-5

Kinder zu erziehen, Familie zu gestalten und zu leben ist in unserer vielfältigen, multikulturellen und globalen Welt schwieriger geworden. Wir erziehen unsere Kinder nicht allein – auch wenn wir uns das oft wünschen würden. Kindergarten, Schule und Gesellschaft erziehen mit. Wie sollen wir reagieren, wenn wir spüren, dass hier fremde Welten aufeinander prallen und Werte nicht vereinbar sind? Welche biblischen Werte können uns dabei als Leitlinien dienen und Hilfestellung sein?

Das vorliegende Buch zieht Parallelen zwischen Bibeltexten und Alltagssituationen, es zeigt klare Zielvorgaben für die Erziehung und weist Wege, wie wir mit unseren Kindern umgehen können.
Ein mutmachendes Buch für alle, die erziehen.

Kleiner Unterschied, große Wirkung
Entdeckungen für ein besseres Miteinander von Mann und Frau
Tb., 96 S.,
Nr. 392.945, ISBN: 3-7751-2945-6

Die Unterschiedlichkeit von Mann und Frau hat schon viel Missverständnisse hervorgerufen, unschöne Auseinandersetzungen provoziert, zu Machtkämpfen zwischen Mann und Frau und auch zu Ehekrisen geführt.
Cornelia Mack möchte Verständnis füreinander wecken und zu einer neuen Sichtweise für das jeweils andere Geschlecht verhelfen. Denn Männer und Frauen können einander hervorragend ergänzen – nicht nur in Ehe und Familie, sondern auch in der Arbeitswelt.

Ein informatives Buch für Frauen, Männer, Paare und Seelsorger!

Bitte fragen Sie in Ihrer Buchhandlung nach diesen Büchern!
Oder schreiben Sie an den Hänssler Verlag, D-71087 Holzgerlingen.